ÉGLISE SAINT-ANDRÉ.

DESCRIPTION
DE L'ÉGLISE
SAINT-ANDRÉ
DE BORDEAUX

PAR

CHARLES MARIONNEAU.

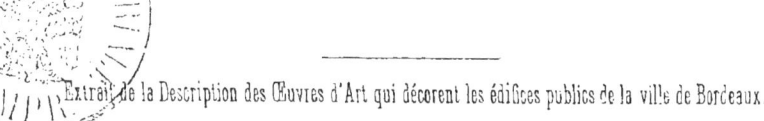

Extrait de la Description des Œuvres d'Art qui décorent les édifices publics de la ville de Bordeaux.

BORDEAUX
CHAUMAS-GAYET, LIBRAIRE
FOSSÉS DU CHAPEAU-ROUGE, 34

1861

DESCRIPTION

DE

L'ÉGLISE SAINT-ANDRÉ

DE BORDEAUX.

Si pour bien étudier un monument, il est urgent d'en connaître l'histoire, connaître l'histoire de la cathédrale Saint-André, c'est posséder en grande partie les annales de la ville de Bordeaux; car « l'histoire de nos cathédrales se lie d'ordinaire à celle de la cité dont elles sont l'ornement ([1]). » Ainsi, pour apprécier tout l'intérêt historique de l'église primatiale, après son intérêt monumental, il faut reporter à sa pensée les faits accomplis autour d'elle ou mieux encore dans son sein, et tous les personnages célèbres qui sous ces voûtes sacrées assistèrent aux principaux événements de la province. Des papes, des évêques, des rois, des princes, des guerriers illustres, nos premiers magistrats municipaux, ont laissé le souvenir de leurs noms attaché à ce grand poëme de pierre, et c'est avec une patriotique affection que les Bordelais doi-

---

([1]) Mgr Allou, évêque de Meaux, *Notice historique sur la cathédrale de Meaux*, 1839.

vent aimer ces hauts clochers, car ils indiquent le monument le plus intime, le plus cher à la cité, celui qui rappelle en même temps et l'ancienneté de nos franchises municipales et l'antiquité de notre foi !

Des écrits nombreux, pleins de science et d'observations intéressantes, ont été publiés sur la cathédrale Saint-André : les uns ne parlent du monument qu'au point de vue architectural; d'autres, sous forme de chroniques, parfois trop brèves, ne mentionnent que les événements politiques et religieux qui eurent lieu dans sa vaste nef. Il est donc d'une nécessité absolue, en l'absence d'une grande et complète monographie (¹), d'étudier les ouvrages signalés à la suite de la description des œuvres d'art de la cathédrale, afin de mieux comprendre les idées émises sur la fondation de cet édifice, les transformations de quelques-unes de ses parties, la physionomie qu'il présentait à diverses époques, et quelles furent les causes et les personnages qui motivèrent ou firent exécuter ces remaniements successifs.

La cathédrale de Bordeaux est digne en tous points de l'étude sérieuse des archéologues et des artistes. Il y a vraiment lieu d'être surpris qu'une plus belle part ne lui ait pas été faite jusqu'à présent dans la classification des monuments religieux de la France; mais nous touchons au jour de la réhabilitation, et justice sera rendue.

Depuis que l'architecture du moyen âge, longtemps incom-

(¹) Une monographie telle que les savants et les amis des arts la désirent serait difficilement exécutée par les sacrifices et les labeurs d'un seul homme. Ne serait-ce pas un acte vraiment patriotique de la part de la municipalité bordelaise de prendre à sa charge l'initiative d'une telle publication, en confiant à des hommes spéciaux le travail multiple d'une grande monographie de la cathédrale Saint-André, avec plans et coupes sur une grande échelle, et des détails de sculptures photographiés et reproduits par des artistes habiles? Nous avons des exemples de ces publications ordonnées par l'État ou par les provinces : la monographie de la cathédrale de Chartres est publiée sous les auspices du Gouvernement, et l'*Histoire de Bordeaux*, par dom Devienne, ne fut-elle pas entreprise à la demande de Messieurs du Corps de ville?

prise et déconsidérée, a été si brillamment et si savamment expliquée par M. Viollet-le-Duc et d'autres savants illustres, la primatiale Saint-André a trouvé des panégyristes haut placés, des écrivains érudits pour signaler ou décrire ses beautés apparentes ou méconnues ; l'État lui est venu en aide pour reconstruire ses voûtes et recimenter ses vieilles murailles fatiguées ; un prélat éminent, la municipalité et de généreuses âmes, se sont empressés de concourir à sa décoration intérieure.

« Les cathédrales sont des monuments religieux, mais ils sont surtout des édifices nationaux ([1]). » Ce n'est donc pas trop de le redire encore, les Bordelais doivent être doublement attachés à la primatiale : c'est le premier monument religieux de la cité et l'édifice le plus caractéristique du lieu natal ; pour eux, c'est « la grande église, la mère-église, l'église de la ville, et comme a toujours esté qualifiée l'église de Saint-André ([2]), » c'est la grande et vieille basilique qui signale au loin la patrie d'Ausone et de saint Paulin.

De toutes les descriptions de la cathédrale de Bordeaux, il en est deux qu'il faut citer comme travail d'ensemble : l'*Essai historique et archéologique sur l'église cathédrale Saint-André*, par M. de Lamothe ([3]), et la *Monographie de l'église primatiale de Saint-André de Bordeaux*, par Mgr le cardinal Donnet ([4]).

Il serait hors du plan de ce livre de répéter ici ce qui déjà a été si bien dit, et d'analyser de nouveau tous les contreforts, la forme des voûtes et des croisées ; cependant, un exposé de l'aspect général du monument est nécessaire pour mieux détailler et décrire les sujets d'ornementation.

---

[1] Viollet-le-Duc, *Dictionnaire raisonné de l'Architecture française du XIe au XVIe siècle*, 2e vol., p. 281.
[2] Lopès, *Hist. de l'église primatiale et métropolitaine de Saint-André*, p. 24.
[3] *Actes de l'Académie de Bordeaux*, 1842, p. 327, et 1845, p. 1 et 369.
[4] Bordeaux, 1851, H. Faye, in-8°.

Les personnes qui étudient l'art monumental établissent, au premier examen, deux divisions sensibles dans l'ensemble de la cathédrale; les bases de la flèche occidentale tranchent nettement ces parties très-dissemblables de l'édifice : l'une où les divers styles se heurtent et se confondent, depuis les fragments de l'ancienne église romane jusqu'à la construction si malencontreuse de la sacristie moderne; l'autre, plus une dans son plan et dans son élévation, et qui appartient entièrement à la période gothique.

Il est rationnel de commencer l'étude d'un monument par sa façade; mais à la cathédrale de Bordeaux comme à Santa-Maria del Fiore de Florence ([1]), cette partie de l'œuvre fait défaut.

C'est surtout aux yeux des étrangers que l'absence d'une façade occidentale est sensible; ils ne peuvent s'expliquer les raisons qui ont amené le résultat si disgracieux d'une porte de maison bourgeoise servant d'entrée principale à la cathédrale.

Au dernier siècle, cette irrégularité s'expliquait tout naturellement : elle avait alors sa raison d'être. Des documents historiques, et mieux encore des fragments de constructions antiques, montrent la fondation de la cathédrale à l'angle sud-ouest des remparts de la ville gallo-romaine, et cet état se perpétua visiblement jusque vers le milieu du XVIIIe siècle. Le ruisseau du Peugue longeait les remparts au midi, qui s'élevaient à quelques mètres de la clôture méridionale des cloîtres; à l'ouest, l'extrémité occidentale de la nef s'appuyait également aux remparts, dont le souvenir nous est conservé par le nom d'une rue. Ce dernier mur d'enceinte

---

([1]) Giotto projeta et décora en grande partie la façade de la cathédrale de Florence, mais elle fut démolie par ordre du grand duc François, qui céda aux sollicitations de l'architecte Buontalenti, lequel se proposait d'élever une façade dans un style plus moderne.

était bordé primitivement par des marais, et plus tard, jusqu'à la construction du nouveau palais archiépiscopal (aujourd'hui l'Hôtel de Ville), par les murs du parc et des jardins de l'ancien Archevêché (¹). Ainsi resserrée dans l'angle des deux remparts, la cathédrale n'était accessible et ne pouvait se développer que vers l'est et le nord.

Dès le XIIIe siècle, « époque de réaction contre la féodalité monastique et séculière » (Viollet-le-Duc), Bordeaux, à l'exemple des villes du domaine royal, donne à sa cathédrale des dispositions plus vastes et plus grandioses. C'est alors que la primatiale Saint-André prend franchement le double caractère d'édifice national et d'église-mère de la ville.

Aux plus mauvais jours de la cité, alors que la peste, la famine ou la guerre afflige et décime la population bordelaise, c'est à la cathédrale, aux pieds de l'antique Notre-Dame de la nef, que tout un peuple se réunit et prie. Arrivent de grands événements politiques, c'est encore à la cathédrale que les seigneurs de la province se réunissent pour prêter au Roi serment de fidélité; et c'est enfin dans ce sanctuaire que gouverneurs et magistrats jurent sur l'Évangile de conserver à la ville de Bordeaux ses droits et ses franchises.

Au milieu des luttes incessantes des armées des rois de France et d'Angleterre pour la possession de la province de Guyenne, l'église Saint-André voit surgir du sol les premières assises complétant l'ensemble du monument tel qu'il se montre de nos jours.

La vieille façade romane, ou plutôt l'extrémité occidentale de la nef adossée au mur de ville; la nef remaniée suivant les idées du XIIIe siècle, avec sa porte dite Royale, et s'étendant au nord parallèlement à l'ancien Archevêché; puis, en-

---

(¹) Dans un plan manuscrit de la ville de Bordeaux, de la fin du XVIIIe siècle, les murs de la ville touchent à la cathédrale. (*Topographie de la France*, vol. 183, Biblioth. impér.)

tre les bases des flèches, la porte nord à l'une des extrémités du transsept, en regard de la porte sud, donnant vers le Peugue ; enfin les chapelles du chœur entourant l'abside, et au midi les cloîtres, entre les bases de la tour occidentale et l'extrémité de la nef vers le couchant.

Telles étaient, vers le milieu du XIVe siècle, les dispositions apparentes ou projetées de la cathédrale de Bordeaux. Mais malgré le zèle de ses évêques, dont l'un devint pape sous le nom de Clément V, les libéralités des princes et des seigneurs, les sacrifices des habitants, la construction de la cathédrale marchait avec lenteur ; puis, au milieu des violentes secousses politiques du moyen âge, les travaux éprouvèrent de fréquentes interruptions, et les siècles se succédèrent avant l'entier achèvement de l'édifice.

Si les dimensions générales de l'œuvre étaient tracées dans les premières années du XIVe siècle, il est douteux qu'il y eût alors pour le chœur et les transsepts un plan d'ensemble bien arrêté ; plus probablement, les maîtres, en se succédant, apportèrent leurs idées propres ou les influences des écoles auxquelles ils appartenaient. L'étude intérieure du monument démontre qu'on a suivi, soit par imprévoyance, soit par précipitation, des données inhabiles ou téméraires ; résultat inévitable quand il n'y a pas unité de direction.

Une particularité très-intéressante dans le chœur de la primatiale, c'est qu'il diffère essentiellement du style alors employé dans cette partie de la France. Aux yeux de quelques archéologues, le chœur de la cathédrale serait de style anglais [1]. Cette opinion, qui se fortifie sans doute par la coïncidence de la possession de la province de Guyenne par les rois d'Angleterre alors que s'élevaient les chapelles de l'abside et le chevet, est fortement repoussée par un archéologue de Lon-

[1] Lopès (*Hist. de l'église Saint-André*, p. 17) attribue aux Anglais les parties hautes des transsepts

dres. M. John Parker trouve une analogie sensible entre le chœur de la basilique bordelaise et les monuments du nord de la France, et n'admet pas que cette partie de la cathédrale soit l'œuvre d'un architecte anglais, exécutée par des ouvriers anglais [1]. A ce sentiment, empruntant sa plus grande force à la nationalité de son auteur, il faut ajouter les remarques de M. Danjoy, architecte du gouvernement, chargé présentement de la restauration de la cathédrale de Bordeaux, et qui reconnaît dans le chœur de l'église Saint-André l'influence des édifices religieux de la Normandie et de la Picardie.

Cette tête de l'église est la partie la plus complète du monument. Il n'y a peut-être pas accord entre le style des basses œuvres et le temps qui les vit s'élever, mais ce fait s'est produit parfois, et l'on ne peut nier, comme l'a très-bien fait observer Mgr Donnet, que si plusieurs parties du chevet ne sont pas du XIIIe siècle, elles en ont du moins conservé quelque peu le caractère. Il serait téméraire de vouloir fixer ces incertitudes et faire concorder les dates avec le style, alors que les maîtres de la science archéologique hésitent ou sont divisés [2].

Les grandes croisées du sanctuaire, les chapelles de l'an-

---

[1] *Further observations on the ancient churches in the west of France by John Henry Parker. Archæologia*, vol. XXXV, p. 359. London, in-4°, 1854.

[2] Une croyance très-accréditée attribue à Bertrand de Gouth la construction des transsepts et du chœur. Un passage de Lopès détruirait en partie cette tradition, et fortifierait l'opinion des personnes qui admettent le XIIIe siècle dans quelques parties inférieures du chœur de la cathédrale : « MM. de Sainte-
» Marthe rapportent d'un ancien livre des statuts de Bourdeaux, que fut com-
» mencée cette église l'an 1252, le jour de l'Annonciation; mais ils n'ont pas
» marqué quels estoient ces statuts, ou de la ville, ou de l'église métropoli-
» taine; j'en ay leu plusieurs, et n'y ay rien trouvé de semblable. Ce que je
» puis dire avec plus d'assurance, est que ce *dernier bastiment du chœur*
» *n'estoit pas encore* ACHEVÉ *au temps du pape Clément V,* qui pour en avancer
» la consommation avec la pompe et la magnificence qu'il avait été commencé,
» accorda, la seconde année de son pontificat (1307), des indulgences à tous
» les fidelles qui visiteroient l'église de Bourdeaux et donneroient quelque
» aumône à la fabrique; et renouvella encore la même concession deux ans

cienne trésorerie, celles de Notre-Dame du Mont-Carmel et les deux portails des transsepts, appartiennent au xive siècle; les parties hautes des transsepts et des clochers présentent les caractères du xve; enfin les flèches arrivaient à leur plus grande hauteur avec l'expiration du style ogival.

Cet exposé rapide, insuffisant comme description de la cathédrale, suffit néanmoins pour préparer au classement des sujets d'ornementation qui vont être signalés; puis, en décrivant les sculptures et les bas-reliefs qui décorent Saint-André de Bordeaux, l'étude chronologique de ce monument se reproduira plus développée.

REVUE EXTÉRIEURE.

Porte Royale [1].

La statuaire de l'ancien portail nord de la Primatiale égale, comme beauté de style, les sculptures des plus belles églises de France; cette entrée n'offre pas, il est vrai, tout un monde de statuettes comme celles des cathédrales de Reims, Chartres et Paris, mais elle présente néanmoins les plus beaux spécimens de l'art français au moyen âge.

Cette porte, établie sur le flanc nord de la nef, fut édifiée dans la première moitié du xiiie siècle. C'était alors l'entrée principale de l'église, par la situation toute particulière de la cathédrale, clôturée, ainsi qu'il a été dit précédemment, au sud et à l'ouest; cette porte était placée, sinon

---

» après, le 19 d'octobre, estant en son chasteau de Villandrault. » (*L'Église métropolitaine de Saint-André,* p. 18.)

[1] Cette porte, actuellement masquée par la sacristie moderne, ne peut être vue que de l'intérieur de cette sacristie; mais, malheureusement, les constructions nouvelles dérobent à la vue des parties très-intéressantes, et le placement de quelques boiseries a motivé l'enlèvement de plusieurs statues, aujourd'hui déposées dans une salle basse de l'ancien doyenné.

heureusement comme disposition régulière, du moins raisonnablement, car elle aspectait le centre de la ville.

Le nom de *porte Royale,* sous lequel elle est désignée dans la *Chronique bordelaise,* rappelle que cette entrée était spécialement réservée aux rois et aux grands personnages; c'était une porte d'honneur.

N'y a-t-il pas lieu de penser que cette dénomination de *porte Royale* ne date que de la construction du chœur? Les lois de la symétrie et les dispositions adoptées pour l'agrandissement de l'édifice exigeaient deux entrées aux extrémités opposées des transsepts; mais l'ancienne porte du nord n'était plus nécessaire, elle fut réservée pour les occasions solennelles [1].

Or, de ces deux entrées si voisines, accolées pour ainsi dire sur le flanc septentrional, il devient évident qu'à l'époque de la construction de la porte Royale, dans la première partie du XIII° siècle, il n'y avait ni projet ni plan de l'agrandissement de la cathédrale avec les dispositions que nous voyons aujourd'hui.

En 1826, cette porte éprouva de graves mutilations; l'ancienne sacristie [2], placée depuis longtemps dans le bas-côté gauche du chœur, à l'entrée des chapelles et attenant à l'ancienne Trésorerie, fut transférée à l'extérieur de la nef au nord de la cathédrale.

« La construction des sacristies a été à notre époque une

[1] Antérieurement à la construction du palais archiépiscopal (aujourd'hui la mairie), l'archevêché était établi sur le flanc nord de Saint-André. C'était dans cette résidence, dont l'entrée n'était séparée que de quelques pas de l'ancienne porte de la cathédrale, que résidaient les princes et les rois pendant leur séjour à Bordeaux.

[2] Les dispositions de l'ancienne sacristie et du trésor, telles que les décrit Lopès, s'accordent avec les usages établis dans plusieurs cathédrales : les vases sacrés, les ornements précieux étaient renfermés dans de grands coffres habilement sculptés, et ces objets étaient ainsi déposés dans de petites salles dites *du Trésor;* ces salles étaient éclairées par des fenêtres étroites, pourvues de solides grillages. Dans le projet de M. Danjoy, la sacristie nouvelle serait placée entre les cloîtres et la porte méridionale.

grande cause de mutilations pour les églises monumentales (¹). » Ce n'est pas à la primatiale Saint-André que cette observation manque de justesse, et Dieu veuille que le jour soit proche où les traces d'un fait si regrettable seront entièrement effacées !

La porte Royale présente un développement de 7ᵐ80 de largeur, sur une hauteur de 9ᵐ36 (²). Voici la description des parties encore apparentes de cette porte, le tympan et les voussures : sur le tympan est figuré « le Christ au jour du jugement, nu, montrant ses plaies; des anges tiennent les instruments de la passion, la Vierge et Saint-Jean à genoux implorent le divin Juge (³). » Cette citation indique d'une manière générale la composition du tympan, non-seulement de la porte Royale à Bordeaux, mais le sujet, identiquement reproduit à l'entrée de plusieurs cathédrales de France : Paris, Amiens, Reims, Chartres. Après avoir fait observer ces rapports généraux, voici l'analyse plus détaillée : au-dessus du linteau, le Christ, assis, nimbé, du nimbe crucifère, la tête fixe, le visage calme, encadré de longs cheveux bouclés et d'une barbe fine; de l'épaule gauche du Sauveur

---

(¹) Raymond Bordeaux, *Principes d'Archéologie pratique*, 1852. Caen, p. 121.

(²) La Commission des Monuments historiques de la Gironde publia, en 1852, un petit dessin de M. Roberty présentant l'ensemble de cette porte, telle qu'elle existait avant sa mutilation. Ce travail n'est pas d'une rigoureuse exactitude : Dix statues existaient anciennement dans la galerie : huit dans l'intérieur et deux en saillie; le dessin n'en représente que huit, et rien n'autorise la présence des personnages couronnés placés symétriquement à l'opposé de ceux qui existent encore. La statue du roi tient une escarcelle, et le croquis le représente avec une épée.

Antérieurement, M. Léo Drouyn avait également publié, dans les *Types les plus remarquables de l'architecture au moyen âge*, le tympan et les archivoltes de la porte Royale. Le dessin de M. Drouyn, spirituellement gravé par lui-même, donne une idée beaucoup plus exacte des parties actuellement apparentes de ce portail. Il est regrettable que l'échelle de cette gravure ait privé l'artiste de reproduire le beau caractère de quelques figures d'anges sculptées dans le tympan.

(³) Viollet-le-Duc, *Dict. d'Architect.*, 1ᵉʳ vol., p. 17, 18, 19; 2ᵉ vol., p. 388.

descend une draperie enveloppant le bras et une partie des jambes; et les mains, actuellement brisées, présentaient les traces des clous.

A droite du Christ, un ange tenant la croix (reproduit par M. Viollet-le-Duc dans son *Dictionnaire,* t. I, p. 17), la Vierge à genoux, à la suite un ange portant une lance (aujourd'hui brisée), puis un troisième ange, de plus petite dimension, sonnant de la trompette (l'instrument a disparu). A gauche du Christ, un ange pressant sur sa poitrine une couronne; Saint-Jean à genoux; un deuxième ange avec la colonne, puis un troisième sonnant de la trompette comme celui de l'extrémité opposée.

Au-dessus de ce bas-relief, séparé par une guirlande de chêne, apparaissent deux anges, tenant l'un le soleil, l'autre la lune (reproduit dans le *Dictionnaire* de M. Viollet-le-Duc, t. I, p. 19). A gauche de cette composition, un ange indique le Christ triomphant, un deuxième élève la tête en signe d'extase, un troisième est agenouillé; à droite, un ange les mains jointes, un deuxième la tête inclinée sur sa poitrine, un troisième agenouillé.

Sur le linteau de la porte est représentée la résurrection générale; des rois, des ducs, des évêques sortent de leurs tombeaux, et d'autres figures nues soulèvent la pierre de leur sépulcre.

Autour du tympan se développent quatre successions d'archivoltes ornées de fines et délicates statuettes, rappelant par la grâce de leurs poses et de leurs ajustements les images célestes du frère Angelico da Fiezole.

Ces statuettes reproduisent une partie de la hiérarchie des anges. « Saint-Grégoire-le-Grand, dit M. l'abbé Pascal [1], énumère les neufs chœurs de la milice céleste en cet ordre:

---

[1] *Institutions de l'art chrétien,* t. II, p. 95.

les Anges, les Archanges, les Vertus, les Puissances, les Principautés, les Dominations, les Trônes, les Chérubins, les Séraphins. »

Dans la voussure interne sont placés dix anges à deux ailes, quelques-uns vêtus d'une simple robe traînante, et d'autres d'amples tuniques à larges manches. Les huit anges des claveaux inférieurs sont debout, dans une attitude calme, les mains jointes ou légèrement espacées sur la poitrine. La première de ces statuettes, à gauche du spectateur, a sous les pieds deux animaux : l'un ailé, un dragon ; l'autre est à peine dégrossi. Au sommet de la voussure, deux anges, également debout, tiennent des couronnes élevées sur la tête du Christ.

La deuxième archivolte présente un même nombre d'anges, vêtus comme les précédents, portant le même nombre d'ailes et tenant des encensoirs et des vases sacrés. (Une de ces statuettes est moderne et contraste désagréablement avec l'ensemble de ces voussures.) « Les encensoirs fumant indiquent le ministère des anges chargés de porter au trône de Dieu le parfum de nos prières. » (*Institution de l'art chrétien,* t. II, p. 96.)

Aux claveaux supérieurs de la troisième archivolte, quatre chérubins chargés de triples paires d'ailes et reposant leurs pieds nus sur des roues, image de la vigilance de ces messagers célestes. Puis au-dessous, six vierges ou martyres tenant des livres fermés et des palmes.

A la quatrième et dernière archivolte, douze personnages de divers ordres de bienheureux ; les apôtres saint Thomas avec son équerre, et saint Jacques-le-Majeur avec son bourdon et ses coquilles ; le roi David portant sa harpe ; des prophètes ayant en mains des phylactères ; des vieillards rois, vêtus de longs manteaux et couronnés. Toutes ces figures, trois exceptées, portent la barbe et les cheveux longs.

Les quatre rangées de statuettes qui viennent d'être décrites reposent sur des socles formés d'arcatures trilobées. Les premiers socles placés au bas des voussures sont en outre décorés de pignons flanqués de petites tourelles.

L'archivolte externe est bordée d'une riche guirlande composée de feuillages, d'oiseaux et de fruits. Aux naissances de cette bordure se trouvent deux personnages imberbes les mains jointes, vêtus de longues tuniques. Ne serait-ce pas les images de quelques bienfaiteurs de la cathédrale ? C'était, au moyen âge, une coutume généralement suivie de placer les statues des bienfaiteurs au bas des œuvres qu'ils avaient fait édifier.

A côté d'une des statues précédentes, plus en saillie, à droite, est un autre personnage dont les pieds foulent un animal ayant beaucoup d'analogie avec un porc, d'où vient que quelques personnes croient y reconnaître Saint-Antoine ; mais le costume et le caractère de cette statue ne s'opposent-ils pas à ce qu'elle soit considérée comme l'image de ce pieux solitaire ? D'autres fragments de statuettes apparaissent noyés dans les murs de la sacristie moderne ; il est difficile d'en expliquer les poses et les significations.

Malgré les boiseries qui dérobent à la vue les basses œuvres du portail, dix riches dais, les plus remarquables en ce genre que nous connaissions, dit M. Viollet-le-Duc [1], indiquent ce même nombre de niches, dans lesquelles, décorant les pieds droits, étaient placées dix statues d'apôtres. Sur le trumeau était probablement le Christ homme : cela répond à toutes les convenances, à toutes les lois suivies par l'iconographie chrétienne dans la décoration des portails du XIIIe siècle, où les apôtres étaient rangés dans les ébrasements [2].

---

[1] L'un de ces dais, composés de petits châteaux couronnés de tours crénelées, avec leur donjon, est reproduit par M. Viollet-le-Duc, dans son *Dictionnaire*, 5e vol., p. 6.

[2] Voir les observations de MM. Jourdain et Duval, à propos de la description du grand portail de la cathédrale d'Amiens. (*Bulletin monumental*, t. XI, p. 145.)

Ces observations ne s'accordent point, il est vrai, avec ce passage de Lopès : « Cette porte est fort ancienne et bien travaillée, ornée, des deux costés, des images *des douze apôtres* en relief; sur la porte *est une pareille image d'un archevêque* (*L'église de Saint-André,* p. 27).

Bien que l'historien Lopès ait eu la facilité de décrire l'ornementation de la porte Royale alors qu'elle n'était point mutilée, comment accepter la présence des douze apôtres par les raisons suivantes : dix niches seulement apparaissent dans les ébrasements du portail, et dix statues d'apôtres se retrouvent au dépôt provisoire des statues et fragments sculptés provenant de la cathédrale (¹). Puis, l'image d'un archevêque, placée sur le pilier central, pouvait-elle s'accorder avec la composition générale de la porte Royale? Cette composition représentant la glorification du fils de Dieu, avec la représentation du Christ triomphant sculpté sur le tympan, les apôtres rangés dans les embrasures, le pilier central, cette place d'honneur ne pouvait être occupée par un archevêque de Bordeaux. Il ne faut point oublier que cette porte est du XIIIe siècle, et qu'alors la décoration des portails des cathédrales avait des lois immuables; ces faits sont confirmés par l'examen de tous nos grands monuments religieux de cette époque. Il est donc présumable qu'en admettant que Lopès ait bien vu de son temps l'image d'un archevêque adossée au trumeau, cette image avait été placée postérieurement, en remplacement de la statue exécutée ou projetée vers 1250.

(¹) Ce nombre de dix ne doit point étonner; il se retrouve sur plusieurs portails de nos anciennes églises, entre autres au portail de Vézelay et à l'une des entrées de Notre-Dame de Chartres. — Mais quelques personnes assurent que deux statues d'apôtres ont été enlevées de Bordeaux pour décorer une église rurale. Si ce fait, assez surprenant, est bien authentique, il faudrait alors accepter le nombre douze cité par le chanoine Lopès. Quelques-unes de ces statues ont été moulées par ordre de M. Viollet-le-Duc, pour servir à la restauration de la cathédrale de Paris.

Galerie de la porte Royale.

Antérieurement à la construction de la sacristie moderne, apparaissaient, au-dessus de la porte Royale, dans une galerie, dix statues en pierre, de deux mètres de hauteur, représentant des évêques et deux personnages vêtus royalement. Il ne reste plus aujourd'hui dans cette galerie que cinq statues (¹), dont voici la description :

La première, vers l'ouest, est une jeune femme d'une physionomie distinguée; sa tête, ceinte d'une couronne, est inclinée sur la poitrine; les cheveux, réunis en nattes, descendent sur le col; une robe longue, largement drapée, revêt cette figure; sur ses épaules est jeté un manteau peu ample, très-adhérent au corps et retenu par des attaches à la hauteur des clavicules; la main droite est relevée sur la poitrine, l'index retient les attaches du manteau; à l'annulaire paraît une bague, ornée d'un gros chaton, et le bras gauche tombe naturellement le long du corps. Cette statue a perdu un peu son aplomb; elle s'incline légèrement en avant.

La deuxième statue, touchant la précédente, est l'image d'un personnage également couronné; les cheveux longs et bouclés; les moustaches et la barbe fines; l'aspect du visage jeune, plein de caractère et de vie. Une tunique longue enveloppe le corps. Un manteau court et collant recouvre les épaules. La main droite tient les attaches du manteau, exactement dans le même mouvement que la statue précédente; la main gauche soutient une escarcelle.

Les parties inférieures de ces deux statues ne peuvent être décrites en raison de la maçonnerie qui les enveloppe.

(¹) Pour visiter ces statues, il faut pénétrer sur les voûtes de la sacristie par une brèche étroite et d'un accès difficile.

Venant immédiatement après ce duc ou roi est un évêque, à mître basse, d'une figure jeune, richement vêtu, tenant sa crosse de la main gauche et dans la droite un livre fermé. La statue suivante est également un évêque, dont la crosse est brisée; même costume que le précédent. Puis se trouve vide la place de quatre autres effigies. Enfin, la dernière faisant saillie sur la galerie, mais actuellement engagée dans la maçonnerie de la voûte, est encore un évêque. A l'opposé, faisant saillie sur le nu du mur de la façade, était une autre statue placée parallèlement à la dernière. Observons que ce nombre de figures répond exactement au même nombre d'apôtres rangés dans les ébrasements du portail. Il est important de constater aussi l'état parfait de conservation des trois premières statues d'abord décrites, et leur supériorité d'exécution sur toute la statuaire de la galerie. En outre de leur mérite artistique, ces trois figures offrent, d'après plusieurs archéologues, un grand intérêt historique.

M. Rabanis, dans ses Notes historiques sur Bordeaux, publiées en 1852 ([1]), date du XIIIe siècle la construction de la porte Royale, sous l'archiépiscopat de Géraud de Malemort. Le style de cette porte s'accorde avec l'hypothèse de M. Rabanis, qui reconnaît dans les trois statues placées à droite de la galerie : Édouard Ier d'Angleterre, Éléonore de Castille et l'archevêque Géraud de Malemort, tous bienfaiteurs de la primatiale, et dont les effigies auraient été érigées par la reconnaissance du clergé bordelais.

Suivant l'opinion de Mgr Donnet, les trois personnages figurés dans cette galerie seraient : Éléonore de Guyenne, Louis VII ou Henri II, mari d'Éléonore après la rupture de son mariage avec Louis VII, et enfin Geoffroi de Loroux, qui occupait le siége lorsque le duc d'Anjou devint duc d'Aquitaine. Ces per-

([1]) Rapport de la Commission des Monuments historiques, p. 8.

sonnages appartiennent au xiie siècle, et ne sont point contemporains de la construction du portail.

A ces deux opinions, il faut ajouter encore celle de M. Didron, citée par Mgr Donnet dans la *Monographie de Saint-André*, déclarant que le mouvement du bras du roi indique qu'il tenait une harpe à la main, et ne voyant dans ces deux personnages que David et Bethsabée ([1]).

Ces trois versions remettent en présence une question fort controversée : Doit-on considérer les images du xiiie siècle costumées royalement, comme des figures de l'ancienne loi, ou faut-il les accepter comme des personnages historiques?

M. Didron et les archéologues qui appartiennent à son école se prononcent d'une manière absolue : « Voir autre chose que la théologie chrétienne se résumant par des faits de l'ancien ou du nouveau Testament, c'est se tromper, c'est ne rien comprendre à l'art de nos pères. »

MM. de Guilhermy et Viollet-le-Duc, dans la description de Notre-Dame-de-Paris, en exprimant la conviction que les rois sculptés en longue série sur les cathédrales sont des rois ancêtres de la Vierge, admettent des exceptions à cette règle.

A Saint-André de Bordeaux il n'y a point, comme à Paris, Strasbourg et Chartres, une série de statues royales : deux seulement apparaissent dans la galerie, les autres sont des évêques. La question est donc ici plus simple, et les partisans du système historique n'auraient-ils pas raison?

Si rarissime que soit le sentiment de la reconnaissance, n'était-ce pas le fait de la plus simple gratitude d'ériger l'image d'un prince généreux à l'entrée d'un monument embelli par ses largesses? C'était payer une dette de cœur et placer au fronton de l'édifice une date certaine.

En acceptant ces statues comme des effigies royales, reste-

([1]) La statue du roi n'est point mutilée, et ce prince tient une escarcelle.

rait à décider quels sont les princes figurés dans la galerie. Cette étude intéressante est peu réalisable dans les conditions actuelles de ce portail. Un jour viendra sans doute où, débarrassée de cette malencontreuse sacristie, l'ancienne porte d'honneur qui vit passer François Ier, Charles-Quint, Louis XIV, se présentera dans son majestueux ensemble, mais malheureusement avec d'importants détails mutilés ou absents. Alors, les statues de la galerie pourront être expliquées par un examen plus facile et par des documents que des recherches ou le hasard découvriront peut-être.

Portail Nord.

Le style de ce portail et les principaux motifs de son ornementation ne laissent aucune incertitude sur l'époque où il fut édifié et à quel personnage on en fit la dédicace. Construit vers le milieu du xive siècle, et quoique moins important, par ses dimensions et l'échelle de ses détails, que la porte Royale, le portail Nord, par ses heureuses formes et la richesse de sa décoration, était bien digne de figurer dans le *Choix des types les plus remarquables de l'architecture au moyen âge dans le département de la Gironde* (1).

L'évasement de ce portail est de 8^m65, et son élévation, du sol au sommet de l'arc ogive externe, est de 11 mètres. Sur le trumeau ou pilier central est la statue en pierre, de grandeur naturelle, du pontife Bertrand de Gouth, archevêque de Bordeaux de 1300 à 1305, et la même année élu pape sous le nom de Clément V. Le Souverain Pontife est debout, un riche dais couvre sa tête, ceinte de la tiare; il est revêtu d'une ample chasuble; ses mains sont gantées; il élève la

(1) Gravures à l'eau forte par M. Léo Drouyn, texte de M. de Lamothe, in-fol. Bordeaux, 1846.

main droite pour bénir, et ses pieds, chaussés de souliers, reposent sur un coussin.

Clément V est une des figures historiques les plus saillantes du xive siècle. De graves événements eurent lieu sous son pontificat; mais il n'entre pas dans le plan de ce travail de rechercher si plusieurs récits historiques ont été toujours dictés par une sérieuse impartialité. Clément V n'est, en raison du sujet ici traité, qu'un des plus grands bienfaiteurs de la cathédrale. Le seul archevêque de Bordeaux élevé à la haute dignité de souverain pontife est l'homme qui a certainement le plus contribué à l'achèvement de cette basilique.

A ces titres, n'était-il pas de bonne justice de rappeler le souvenir de Clément V sur la principale entrée de la partie du monument élevée par ses libéralités?

Dans les ébrasements du portail, reposant sur des pieds-droits, placées dans des niches et recouvertes de riches dais, sont rangées six statues, également en pierre et de grandeur naturelle. Mgr Donnet décrit ainsi ces statues : « Les six évêques, placés trois à droite et trois à gauche du Pape, dans les niches à pieds-droits, sont aussi bien conservés que Clément V : ils n'ont subi aucune notable mutilation; c'est un bonheur pour l'art et une gloire pour le pays ([1]). Ce sont évidemment des personnages du temps; leurs figures ont ce style de finesse et d'intelligence qui caractérise le xve siècle, gardant toutefois la simplicité de l'époque. Ils sont rasés, gantés et chaussés; leurs mitres sont unies et basses. Deux sont vêtus de chasubles à étoffe tombante; deux de chappes également tombantes; deux de dalmatiques à larges manches, fendues latéralement aux deux côtés et ornées d'une frange; tous sont placés *sur des coussins*. Ces figures, au point de vue de la statuaire, sont d'une grande beauté; elles ont un feu

---

([1]) La tête du pape ne paraît pas originale, puis l'une de ses mains et celles de plusieurs évêques sont assurément modernes.

admirable de physionomie; elles parlent. Il est douteux que, pour la ressemblance et l'air de vie, on fît mieux aujourd'hui. Quant aux costumes, ils ont une netteté de forme, un laisser-aller, une grâce parfaite. »

Cette description, à part quelques petites nuances d'appréciation toute personnelle et les mots soulignés, est d'une rigoureuse exactitude.

Deux opinions sont émises pour désigner les personnages ici représentés. Selon M. de Lamothe, ces effigies figureraient des membres du haut clergé bordelais élevés au cardinalat par Clément V dans la promotion qui eut lieu à Lyon en 1305. Lopès cite effectivement au nombre des dix cardinaux créés à Lyon quatre Bordelais : Arnaud de Cantaloup, Guillaume Arcufat, Arnaud de Pelegrue, Raimond de Gouth, parents et alliés du Pape, les deux derniers chanoines de l'église Saint-André, et Pierre Arnaud, abbé de Sainte-Croix. Le sixième personnage du portail serait Bernard de Fargues, neveu de Clément V et nommé plus tard au cardinalat.

Mgr Donnet, d'accord avec M. Didron, pense que ces statues représentent des évêques suffragants de la métropole ayant participé à sa construction. Après un examen rigoureux, ajoutons aux hypothèses précédentes de nouvelles conjectures. Les six statues placées aux côtés de Clément V ne reposent pas sur des coussins, mais sur des nuages. Ce détail, qui n'avait jamais été signalé, est d'une très-haute importance. Et l'on comprend que cette apothéose ne peut s'adresser à des personnages contemporains de Clément V, mais bien à quelques-uns de ses prédécesseurs au siége archiépiscopal. A ce débat historique, qu'il serait d'un haut intérêt de résoudre définitivement, se joint le mérite artistique de ce portail. Ce mérite est incontestable. Et cependant, malgré la vérité du modèle et de l'expression, le fini des détails, l'aspect général de cette entrée n'a plus le grand caractère des siècles précédents. Ici, le sculpteur ne subordonne plus son œuvre à l'ensemble du sujet : il procède avec indépendance et donne plus de variété dans les mouvements de ses figures; il en résulte que si la statuaire gagne comme étude vraie et plus intime de la nature, elle perd ce grand aspect, cet effet homogène des portails du XIIIe siècle, d'une si grande fermeté de lignes et d'une si belle unité.

Dans le tympan de la porte Nord, divisé en trois parties par des nuées, sont représentés trois épisodes de la vie de Jésus-Christ : son sacrifice, sa glorification et son apothéose.

Le premier bas-relief, dans la partie inférieure, est la Cène pascale; le Christ, assis au milieu de ses apôtres, leur annonce la trahison de l'un d'eux : « En vérité, en vérité, je vous le dis, un de vous me trahira. » Au centre du tympan, l'ascension : les apôtres, rangés en deux groupes, élèvent leurs regards vers le Christ, disparaissant à moitié dans les nuages. Enfin, le bas-relief supérieur a pour sujet le Fils de Dieu, assis et triomphant, entouré d'anges; les deux plus rapprochés du Christ sont debout et tiennent, l'un le voile de Véronique, et l'autre la lance de Longin. Les deux anges des extrémités du bas-relief sont couchés; celui de droite tenant le soleil, et celui de gauche la lune. Comme il est facile de le remarquer, cette dernière scène est inspirée d'une partie du bas-relief décorant le tympan de la porte Royale.

Trois rangs de statuettes décorent l'épanclage des trois voussures : à la voussure interne, dix anges tiennent des couronnes; à celle du centre, les douze apôtres; Saint-Pierre, Saint-Paul, Saint-André et Saint-Jean sont plus particulièrement reconnaissables. Plusieurs de ces figures ont été refaites, d'autres sont encore mutilées. A la dernière voussure, les patriarches et les prophètes, au nombre de quatorze; Moïse portant les tables de loi; David sa harpe, et d'autres tenant en mains des phylactères.

Toutes ces petites figures, soigneusement travaillées, reposent sur de riches consoles et sont abritées sous de petits dais ajourés d'une exécution merveilleuse; ce n'est plus de la statuaire, mais une belle et délicate ciselure.

Porte du Midi.

Ce portail appartient au xive siècle, mais l'ornementation dut être exécutée à de longs intervalles et par plusieurs artistes; de là sans doute ces divergences de manière et de style entre les basses-œuvres et les voussures. D'après quelques chroniqueurs des derniers siècles, ce portail aurait subi de graves mutilations. « *Sur le tympan de cette porte*, dit Lopès ([1]), *est une belle image de la Vierge en relief, et au-dessus a esté taillée dans la pierre l'image de son assomption et un ange qui appelle les âmes au jugement* ([2]). Ce tympan, d'après M. Bernadau (*Viographe bordelais*, p. 24), fut enlevé en 1793, parce qu'il gênait la circulation des charrettes de foin qu'on emmagasinait alors dans cette église.

Si la porte méridionale a moins de développement et plus de sobriété dans sa décoration que les deux portes du Nord, il faut bien tenir compte de l'époque et du lieu de son édification; elle ne communiquait qu'avec la Sauvetat de Saint-André, et ne donnait accès dans l'église qu'aux personnes

---

([1]) *Hist. de Saint-André*, p. 24.

([2]) Mgr Donnet n'accepte pas la présence de cet ange comme figurant le jugement dernier (*Monogr. de Saint-André*, p. 32), par la raison que ce même sujet était déjà reproduit d'une manière plus complète sur le tympan de la porte Royale. Mais alors, que représentait cet ange? N'était-ce pas l'archange Gabriel? Puis les répétitions étaient communes sur les monuments du moyen âge : nous venons de voir le Christ triomphant reproduit sur les deux portes du Nord.

résidant dans les dépendances du chapitre, et rarement à la population bordelaise. Au moyen âge, tout le terrain compris entre la façade méridionale de la cathédrale et le Peugue, dont les eaux baignaient les murs de ville à quelques mètres de cette porte, était la partie privative du clergé.

Avant de décrire l'état actuel de ce portail, une autre remarque doit être faite : ce n'était point au midi, dans les monuments des XIIe et XIIIe siècles du nord et du centre de la France, que se trouvait le portail consacré à la Très-Sainte-Vierge, mais bien sur la façade septentrionale.

Le R. P. Cahier ([1]) explique ainsi cette disposition : « Le Nord est la région des frimas et des orages, c'est-à-dire des passions et de l'endurcissement dans le péché; c'est ainsi que saint Augustin voit revenir du Septentrion l'enfant prodigue quand il reprend la route du toit paternel. Les commentateurs d'Ézéchiel ne parlent pas autrement; et c'est aussi pourquoi les vieux architectes consacraient le portail septentrional à Celle qui est le refuge des pécheurs et la Mère de la miséricorde. C'est le fanal du retour, signalant les plages funestes où le navigateur imprudent court se briser; c'est un cri de rappel qu'on lui adresse et une invitation à se jeter dans le port. »

La porte méridionale est actuellement sans trumeau; sa hauteur, du sol au faîte de l'archivolte externe, est de 9^{m}30, et ses ébrasements donnent un développement de 7^{m}05.

Dans les voussures se présentent trois rangées de statuettes ainsi divisées : premièrement, dix anges à deux ailes et très-habilement drapés; au deuxième rang, la parabole des vierges sages et des vierges folles : les premières tiennent leurs lampes droites pour éclairer le retour de Jésus-Christ; les secondes, élégamment vêtues, portent leurs lampes vides et renversées.

([1]) *Mélanges d'Archéologie*, t. I, p. 82 et 83.

Enfin, à la dernière voussure apparaissent les douze apôtres.

Plusieurs de ces statuettes, malheureusement mutilées, sont bien composées, gracieuses de poses, d'arrangement, et présenteraient une grande finesse d'exécution si le pinceau du badigeonneur les avait respectées. Un débadigeonnage intelligent, et l'enlèvement d'un énorme abat-vent coupant le pignon triangulaire de cette entrée, rendraient à l'ensemble de ce portail un aspect beaucoup plus heureux et surtout plus digne.

Dans les ébrasements se voient huit niches, veuves de leurs statues. Les piédestaux représentent des groupes d'animaux et des personnages luttant entre eux. Des bas-reliefs, remarquables par l'esprit de leur facture et portant les caractères de la première moitié du XIVe siècle, décorent les basses-œuvres de cette porte. Ces compositions, par leur état de vétusté, sont incompréhensibles et prêtent aux conjectures les plus multiples et les plus hasardées. Mgr Donnet et M. de Lamothe acceptent la première scène de droite comme se rapportant à la légende de Saint-Nicolas; mais y a-t-il une suite dans ces bas-reliefs? Si les antiquaires trouvent parfois un certain charme à vouloir expliquer le sens mystérieux de ces vieilles sculptures, n'est-il pas plus simple, comme l'a fort bien dit M. Didron en parlant de l'iconographie hiératique du XIVe siècle, de ne voir dans ces sculptures « qu'une symbolique vague, décousue, incomplète, qui se trouve là par habitude et comme ornement..... »

Voici l'analyse de ces bas-reliefs, encadrés isolément dans des quatre-feuilles. Côté droit :

1° Trois enfants dans un baquet, portés sur des vagues ou sur des nuages; ce bas-relief se rapporterait à la légende de Saint-Nicolas.

2° Personnage appuyant la main droite sur la tête d'un enfant agenouillé.

3° Groupe de trois femmes, deux agenouillées et la troisième debout.

4° Groupe également de trois personnages, le plus apparent se soutient sur des béquilles.

5° Un personnage imberbe tient de la main gauche un tout jeune enfant qu'il paraît guider et conduire.

A gauche :

1° Un personnage tête nue, cheveux longs, portant la barbe, vêtu d'une longue tunique; il semble bénir de la main droite de petites figures mutilées et placées à ses côtés. M. l'abbé Bourrassé croit reconnaître dans ce bas-relief le sujet des paroles de Jésus-Christ : « Laissez venir à moi les petits enfants. »

2° Un évêque, à mitre basse, tenant sa crosse; des personnages assis paraissent l'écouter.

3° Sculpture très-fruste; on y distingue un personnage barbu, enveloppé d'un ample vêtement, debout et la tête recouverte.

4° Bas-relief très-mutilé, où se voient confusément trois petites figures.

5° Personnage les mains levées sur la tête de deux petites figures agenouillées. Ce bas-relief est à moitié engagé dans le pilier.

Dans les intervalles des quatre-feuilles se comptent douze petits compartiments occupés par des sculptures, dont trois représentent évidemment des signes du zodiaque : une écrevisse, un capricorne, un sagittaire.

L'ogive de la porte est surmontée d'un pignon (aujourd'hui tronqué) dont les rampants sont ornés de crochets. A la naissance de l'archivolte externe se trouvent des figures grimaçantes, et au-dessus de la porte, des corbeaux ornés de têtes d'une exécution grossière. Il serait oiseux d'analyser plus amplement tous ces détails de sculpture.

Les parties élevées de cette façade offrent des surfaces peu décorées; néanmoins les profils et des motifs d'ornements indiquent des travaux bien postérieurs aux sculptures des archivoltes; ils seraient du xve siècle. L'achèvement complet de cette façade n'a jamais eu lieu; les deux tours qui flanquent le portail devaient être surmontées de flèches comme sur la façade septentrionale; quelques mouvements dans la construction, causés sans doute par le voisinage du Peugue, firent renoncer à surcharger ces tours. Cependant, vers 1847, M. Mialhe, architecte, qui dirigeait alors les travaux de restauration de la cathédrale, avait projeté l'achèvement du fronton méridional.

M. Dusommerard, dans son ouvrage : *Le Moyen âge monumental et archéologique,* a reproduit l'ensemble de ce portail.

Ornementation extérieure.

Après l'analyse des trois portails de la cathédrale Saint-André, où la décoration présentait dans son ensemble le développement d'une seule composition, soit la glorification du Fils de Dieu ou de la Vierge, viennent les motifs isolés concourant à l'ornementation de l'édifice : tels sont les statuettes, les consoles historiées, les gargouilles et les pinacles. Cette ornementation n'avait pas toujours pour but d'enlever au nu des murs leur monotonie, de donner aux masses des profils plus élégants, plus légers, mais de cacher, sous une forme gracieuse ou bizarrement animée, des accessoires essentiels à l'usage et à la solidité de l'édifice.

En commençant cette revue par la partie de la nef au midi, vers les cloîtres, et en terminant à la partie opposée vers le nord, les détails d'ornementation se trouvent heureusement disposés, c'est-à-dire chronologiquement; ainsi mentionnons tout d'abord, mais simplement à titre de souvenirs de la cathédrale romane, des claveaux d'archivoltes ornés d'entrelacs et de palmettes encastrés dans les premières assises du mur méridional, sous l'allée septentrionale des cloîtres. Ces claveaux, fragments de l'ancienne basilique ([1]), furent employés vers le XIIIe siècle, comme matériaux, dans la restauration de Saint-André ([2]).

Le flanc méridional de la cathédrale longeant la nef, présente une suite d'arcs-boutants élevés à diverses époques et dans le but de contre-bouter la poussée incessante des murailles. Ces contre-forts indiquent, par la variété de leurs formes et le système de leur décoration, qu'ils appartiennent aux XIIIe, XIVe et XVe siècles. Ces derniers, les plus lourds et les plus massifs, furent élevés à la suite de la reconstruction d'une partie des voûtes de la nef, renversées par un tremblement de terre, le 2 mai 1427 ([3]).

L'ensemble de ces contre-forts, vu du préau des cloîtres, donne à cette partie de la primatiale une silhouette d'un pittoresque fantastique, mystérieux, complété par la présence incessante d'oiseaux sauvages, volant en rond et s'élançant des pinacles aux flèches.

Les crochets du XIIIe siècle, ornements particulièrement adoptés à cette époque pour la décoration des frises, les rampants des pignons, les gorges des archivoltes, apparaissent à Saint-André du côté du midi, proche la tour occidentale et au-dessus des premières croisées.

---

[1] Consacrée en 1096 par Urbain II, à son retour du concile de Clermont.
[2] Dans le cours des derniers travaux exécutés en 1859 sous les cloîtres et dans la démolition des murs qui clôturaient la chapelle du Trésor, des fragments de chapiteaux et d'archivoltes de l'époque romane ont été retrouvés.
[3] Voir l'*Étude sur les contre-forts de l'église Saint-André*, par M. de La mothe, avec dessins, par M. Roberty. *Commission des Monuments hist*, rapport au préfet; 1851, p. 9.

A l'étage supérieur, au-dessous du bahut, se trouvent de petites arcatures ogivales supportées par de petites consoles en forme de figurines d'un profil très-caractérisé. La ligne du bahut, en cet endroit, est coupée par un petit pinacle, sur plan carré, dans le style du XIIIe siècle.

Immédiatement après la porte du midi, à l'extérieur des chapelles du chœur, se développe toute la riche ornementation de la cathédrale, portant dans son ensemble l'empreinte du XIVe siècle. Les balustrades fleuronnées, les sommets des clochetons, les clochetons eux-mêmes sont fouillés et ciselés avec une délicatesse infinie; ces choux frisés, ces figurines, ces animaux décorant l'extrémité des pinacles ou des gargouilles, dénotent une étude très-exacte de la nature, et le mérite de leur exécution ne peut être réellement apprécié qu'en parcourant la galerie couronnant les chapelles de l'abside.

Avant de poursuivre cette revue, il faut remarquer que les meneaux qui décorent toutes les fenêtres des chapelles ont été refaits au XVIe siècle, comme l'indiquent les chapiteaux des colonnettes divisant les baies. Cette remarque est surtout opportune au moment où le placement de nouveaux vitraux nécessite la reconstruction presque générale des fenêtres; cette reconstruction s'exécute de nos jours dans le style originaire de l'abside.

Parmi les statues du XIVe siècle décorant extérieurement le chevet de la cathédrale, deux surtout se distinguent par l'heureux agencement de leurs draperies et par le sentiment élevé de leur caractère. Ces statues en pierre, de grandeur naturelle, se trouvent placées dans des niches pratiquées à l'un des contre-forts de l'abside, vers le nord; elles sont nimbées et représentent : celle placée dans la niche orientale, l'apôtre saint Thomas, tenant une équerre ([1]); et la

---

([1]) Les architectes du moyen âge l'honoraient comme leur patron et lui donnaient quelquefois une équerre pour attribut. (*Iconographie chrétienne* de

deuxième, sur le côté septentrional, la Magdeleine, en costume de courtisane du moyen âge, et portant un petit vase de parfum.

Il est surprenant que ces deux statues n'aient pas été déjà signalées dans les diverses descriptions de la cathédrale ; elles méritaient mieux que cet oubli ou cette indifférence. A vrai dire, anciennement, et cela se voyait encore il y a vingt ans à peine, toute l'abside était enveloppée de petites masures enchâssées dans les basses œuvres des contre-forts. Ces masures disgracieuses, peu décentes et compromettantes pour l'édifice, ont eu néanmoins un heureux résultat, en préservant ces œuvres d'art des injures du temps et des iconoclastes de 1793.

De l'abside au portail nord s'élèvent trois contre-forts séparant les croisées des chapelles du Mont-Carmel, et sur ces contre-forts se voient des niches géminées dépourvues de statues, qu'attendent des consoles historiées ainsi décrites par M. Ch. Des Moulins ([1]) :

« 1° Femme assise, nue jusqu'à la ceinture, vêtue inférieurement d'une robe longue et ample et d'une draperie par-dessus. Les seins sont mordus par deux dragons monstrueux.

» 2° Un homme, couvert d'un ample vêtement flottant, perce de son épée un lion qui monte sur son épaule. L'épée est énorme et de forme romaine ; elle entre par le ventre de l'animal et ressort perpendiculairement par son dos.

» 3° Un moine accroupi, barbu, vêtu d'une ample cagoule dont le capuchon est rabattu en arrière ; il est dans la position ordinaire des figures qui supportent les consoles, c'est-à-dire qu'il est appliqué par le dos à celle qu'il décore.

l'abbé Crosnier, p. 219.) — Quelques personnes ne reconnaissent pas une équerre dans l'instrument tenu par la statue : les uns y voient un saint André tenant une croix brisée, d'autres saint Joseph portant une bisaigue, outil de charpentier ; mais, quel que soit le saint représenté, cette figure est une œuvre d'art remarquable du XIVe siècle.

([1]) *Bulletin monumental*, t XI, p. 278.

» 4° Un moine vêtu de la même manière, mais placé dans la position contraire, c'est-à-dire soutenant la console sur sa poitrine et renversant la tête en arrière, de façon à laisser voir son crâne et ses cheveux ronds; ses bras sont pourvus d'ailes.

» 5° Un homme (peut-être un singe, à cause de l'extrême allongement des doigts des pieds), sans nez distinct et sans barbe, ayant une espèce de groin saillant et percé d'un trou rond pour la bouche, comme un tuyau de fontaine. Il est vêtu d'une longue robe, et accroupi à cheval sur un chien à longue queue, à longues oreilles, qui ronge un os.

» 6° Un homme imberbe, à chevelure très-fournie, vêtu d'une courte tunique et d'un ample manteau, les jambes ployées, presque agenouillé; sur son flanc gauche pend une large épée dans son fourreau; la tête est nue.

» 7° Un cavalier vêtu d'une ample robe, et couvrant sa poitrine d'un bouclier triangulaire, perce de son épée un ours qui se dresse sur la croupe du cheval.

» 8° Deux hommes imberbes, vêtus, tête nue, semblent se battre; l'un d'eux saisit l'autre par le cou.

» 9° Un moine accroupi, sans barbe, à peu près dans la même position qu'au n° 3.

» 10° La console est dépourvue d'ornement.

» 11° Une femme vêtue, assise à l'ombre de deux guirlandes de chêne, où l'on distingue quelques glands, dans la posture à peu près de la femme aux reptiles, mais tenant appuyé contre sa poitrine un objet percé de quatre trous ronds, posés ainsi ·.· (peut-être les restes d'un instrument de musique). »

Après cette description minutieuse de M. Ch. Des Moulins, il serait intéressant d'expliquer les divers sujets de ces sculptures; malheureusement, en outre de leur sens peu compréhensible, un des moyens ordinaires d'expliquer le sujet de ces consoles nous fait défaut, c'est-à-dire que ces supports sont dépourvus de statues (¹), et l'on sait qu'au moyen âge il existait, à de rares exceptions près, des rapports intimes entre les statues et les consoles qui les soutenaient. C'était généralement l'idée de la vertu triomphante et foulant le vice à ses pieds.

Les consoles ci-dessus décrites prêtent à des conjectures plus ou moins ingénieuses; mais disons avec M. Ch. Des Moulins, rien ne se présente naturellement et raisonnablement à notre esprit (²). Aussi bornerons-nous notre tâche à constater l'exécution spirituelle de ces petits bas-reliefs, en abandonnant leur explication à des écrivains plus érudits dans la symbolique du moyen âge.

En continuant cette revue extérieure au-delà de l'ancienne porte Royale, apparaît un contre-fort ayant en outre de sa destination naturelle la forme et les caractères d'un monument funéraire. Ce contre-fort, en pierre de Taillebourg, construit dans le style de la renaissance, de 1530 à 1533, est ordinairement appelé pilier de Charles de Grammont, pour rappeler son édification sous l'épiscopat et aux frais de ce prélat, qui le fit élever afin de contre-bouter les voûtes alors nouvellement reconstruites. Sous ce contre-fort furent ensevelies plusieurs victimes de l'éboulement de la nef, arrivé le 2 mai 1427.

L'abbé Xaupi, dans un opuscule publié en 1751, ayant pour titre : *Dissertations sur un pilier de la renaissance*, donne une description très-détaillée de la composition de ce pilier, dont voici le résumé : Plan et élévation de forme

---

(¹) Il est très-présumable qu'il n'y en a jamais eu, car il n'apparaît aucune trace de scellement de ces images de pierre. Si la septième et la huitième consoles supportent des statues (un ange et une vierge tenant l'enfant Jésus, travail bien inférieur au précédent), il est facile de reconnaître que ces figures n'ont pas été faites pour la place qu'elles occupent.

(²) A part la première, reconnue comme symbole de la Luxure.

rectangulaire, trois étages de divers ordres, la base purement renaissance, le milieu style composite, le faîte style corinthien; le tout surmonté d'un fronton décoré d'urnes funéraires. Au centre de ce pilier, sur la face nord, dans un encadrement composé de fines colonnettes et de jeunes enfants soutenant des guirlandes de fleurs, se trouvent les armes de l'archevêque Charles de Grammont : *Au 1ᵉʳ et 4ᵉ d'or au lion d'azur, qui est Grammont; au 2ᵉ et au 3ᵉ d'argent au chef danché d'azur, qui est Mucidan* ([1]).

Aux angles de ce contre-fort, s'élèvent des pilastres ornés de médaillons inégalement exécutés, mais quelques-uns d'une grâce parfaite; de petits anges assis sur des dragons, d'autres jouant avec des têtes de mort; sur les frises, les culots, les consoles, partout se reproduisent de gracieux petits enfants entremêlés d'emblèmes funéraires; étrange contraste qui caractérise bien ce retour vers l'architecture païenne : des fleurs et des ossements, des jeux et des ris jusque sur un tombeau !

L'arc-boutant qui contre-boute la muraille est également orné d'une rangée de colonnettes corinthiennes formant galerie; ces dispositions prouvent incontestablement l'influence des traditions gothiques.

A part quelques statuettes ronde-bosse franchement mauvaises, l'effet général, l'ensemble de ce petit monument est parfaitement compris; les parties lisses et fermes occupent la base, et toute la richesse de l'ornementation s'épanouit dans les parties supérieures. Les moulures perpendiculaires sont fines, peu saillantes, et celles horizontales, corniches, entablement, sont vigoureusement indiquées. Par ces heureuses dispositions, les jeux d'ombre et de lumière colorent heureusement ce charmant spécimen de l'architecture de la renaissance.

([1]) Voir l'abbé Xaupi pour l'inscription placée sur ce monument.

Le déplacement de la sacristie et l'achèvement de quelques fragments de frises et de pilastres, simplement épannelés de nos jours, rendront à son état natif le pilier de Charles de Grammont.

Cloître de Saint-André.

Bien que les cloîtres de Saint-André et le clocher Pey-Berland n'offrent pas d'ouvrages d'art motivant une description spéciale, quelques mots sur ces dépendances de la cathédrale doivent naturellement accompagner la revue extérieure de l'église-mère de Bordeaux.

Le cloître est adossé au flanc méridional de la nef [1], avec laquelle il communique par deux portes : l'une romane, vers la tribune de l'orgue; l'autre plus étroite et plus moderne, appelée la *porte des Jurats* [2] et s'ouvrant en face de l'ancienne porte Royale.

Ce cloître, de forme rectangulaire, entoure un préau de 25 mètres 22 centimètres de longueur et 17 mètres 40 centimètres de largeur. Sur un appui séparant le préau des allées du cloître, s'élèvent des faisceaux de colonnettes monolithes, et supportant des arcatures continues également taillées dans un bloc de pierre. Anciennement un bahut couronnait les galeries, et des gargouilles rejetaient les eaux sur le préau.

---

[1] « Habituellement, les cloîtres des abbayes sont bâtis du côté méridional de l'église, tandis que ceux des cathédrales sont le plus souvent au nord. Ce n'est pas là, bien entendu, une règle absolue.... . Les cloîtres des cathédrales de Paris, de Noyon, de Rouen, de Reims, de Beauvais, de Séez, de Bayeux, de Puy-en-Velay, etc., étaient situés au nord. » — Viollet-le-Duc, au mot *cloître*. (*Dict. d'Archit.*, t. III, p. 410.)

A Bordeaux, le cloître de l'abbaye Sainte-Croix était au midi, et celui de la collégiale Saint-Seurin au nord.

[2] C'était par cette porte que les jurats se rendaient à la tribune qui leur était réservée, et qui était placée en face de l'ancienne porte Royale.

Ces dispositions ont été dénaturées par une charpente posée sur le bahut, surhaussé de deux assises. Ce changement disgracieux et la construction aux xiv° et xv° siècles de contreforts pour épauler le mur de la nef, ont nui sensiblement à l'aspect du cloître Saint-André.

En 1844 et 1845, l'existence des cloîtres fut sérieusement menacée par le projet d'élargissement de la rue du Peugue. Le conseil municipal contestait le mérite et l'intérêt de cette annexe de la cathédrale, et avait décidé sa démolition. Mais grâce aux efforts de la commission des monuments historiques de la Gironde, secondée par le conseil général des bâtiments civils près le ministère de l'intérieur, les amis des arts et de l'histoire, qui avaient pu se demander, suivant les énergiques expressions de M. de Montalembert : Serons-nous victorieux dans cette lutte, *tant la fureur des alignements est grande au sein de tous les conseils municipaux* ([1])? Les amis des arts apprirent enfin que le premier projet municipal allait être abandonné, la conservation du cloître maintenue et sa restauration comprise dans les grands travaux de la cathédrale ([2]).

([1]) *Bulletin monumental*, 1854, p. 43.

([2]) Voici les observations de M. le Ministre de l'intérieur, adressées à M. le Préfet de la Gironde, le 12 mai 1851 :

« L'Administration municipale de Bordeaux avait proposé, dans le plan général, pour le prolongement de la petite rue Saint-André, pour la petite place Saint-André et pour la rue du Peugue, des alignements qui tendraient à supprimer le cloître Saint-André adossé à la cathédrale. Le Conseil général des bâtiments civils a été d'avis qu'il convenait de conserver ce cloître dans l'intérêt de l'art et de l'histoire, et vous avez partagé son avis ; mais le Conseil municipal a contesté le mérite artistique de l'édifice, allégué qu'il est en ruine, et conclu au maintien de son projet d'alignement. Dans cette situation, j'ai consulté la Commission des monuments historiques. Elle a déclaré que le cloître présente un intérêt incontestable au point de vue de l'art ; qu'il peut être réparé facilement, et qu'il importe de le conserver intégralement, en modifiant le plan général. Cet avis m'a déterminé à introduire dans le projet de décret une disposition portant qu'il est sursis à statuer sur les alignements projetés pour les trois voies publiques ci-dessus désignées, et cette disposition

Le cloître possédait autrefois des tombeaux décorés de statues. Un seul, très-mutilé, se voit encore en pénétration dans le mur, près la porte de la nef, à l'entrée de la galerie occidentale. Serait-ce le tombeau d'Arnaud de Beaulieu, premier sous-chantre, chanoine et archidiacre de Cernès, enseveli, dit Lopès, en 1295, dans la nef, au fond, proche des cloîtres?

Au midi étaient également plusieurs tombes en pierre, placées dans l'épaisseur du mur de clôture. Le sol des allées était pavé de nombreuses dalles tumulaires; l'une d'elles, toute moderne, rappelle l'inhumation de M. l'abbé Barrés, vicaire-général sous Mgr d'Aviau. Le préau servait aussi de lieu de sépulture aux chanoines, et là fut enseveli, il y a quelques années, le corps de l'évêque constitutionnel Pacareau, déposé primitivement dans le caveau de la chapelle du Sacré-Cœur.

Sous l'allée septentrionale est une petite arcature supportée par des colonnettes. Cette arcature abrite de petites statuettes ronde-bosse adhérentes au massif, représentant, autant que les mutilations permettent de le reconnaître, le couronnement de la Vierge. Ces sculptures décoraient un petit autel où s'accomplissaient les cérémonies religieuses souvent mentionnées dans la *Chronique bordelaise* et dans l'*Histoire de Saint-André*.

M. Viollet-le-Duc date du XIVe siècle le cloître Saint-André

---

a obtenu aussi l'assentiment du Conseil d'État et de M. le Président de la République.

» Je vous prie, M. le Préfet, de vouloir bien communiquer ces explications à l'Administration municipale de Bordeaux, et de l'inviter à étudier, pour la petite rue Saint-André, la petite place Saint-André et la rue du Peugue, un nouveau projet d'alignement qui concilie autant que possible l'intérêt de la viabilité avec celui de la conservation intégrale du cloître.

» Je vous prie, ajoute M. le Préfet, de donner connaissance de ma lettre à la Commission des monuments historiques. » (*Compte rendu des travaux de la Commission*, 1851, p. 39.)

de Bordeaux (¹), et M. l'abbé Bourassé de la fin du XIIIe siècle (²). Un passage de Lopès (*Histoire de Saint-André*, p. 110), à propos d'un différend sur les limites de la juridiction ecclésiastique de la ville de Bordeaux, entre le chapitre de Saint-André et celui de Saint-Seurin, dit, en faisant la critique du même fait rapporté par de Lurbe dans sa *Chronique* : « La sentence arbitrale fut prononcée, non pas l'année 1220, mais l'année 1222, au mois de may, dans le cloistre de la métropolitaine. » De ce passage, il faudrait conclure que cette annexe de la cathédrale existait déjà dès le commencement du XIIIe siècle.

A vrai dire, sous le nom de cloître il ne faut pas toujours entendre un préau simplement entouré de galeries. Au moyen âge on désignait aussi sous la dénomination de cloître des cathédrales, des amas de constructions adossées au monument servant habituellement de logements aux chanoines, avec salle capitulaire, et d'autres pour les divers services de l'église et très-souvent aussi des écoles (³).

Ainsi, à cette époque, toutes les constructions au midi de Saint-André, comprises entre les murs de l'église et le Peugue, étaient des propriétés du chapitre, et pouvaient être désignées sous le nom de *cloître*.

Le cloître proprement dit était encore, à la fin du siècle dernier, non encombré de poutres et de chaises comme nous le voyons maintenant; car le *Journal de Guienne* de 1784, p. 466, mentionne la cérémonie suivante : « Le jour de Noël les jurats vont entendre la grand'messe à Saint-André et assistent à la procession qui s'y fait autour des cloîtres. »

Cette annexe de la cathédrale, mutilée en grande partie

(¹) Viollet-le-Duc; *Dictionnaire*, t. III, p. 452, avec dessins de M. G. Alaux.
(²) Les Cathédrales de France.
(³) Voir le *Dictionnaire raisonné* de M. Viollet-le-Duc, t. III, p. 409 et suiv. — « A l'entour de l'église étaient des maisons appartenant aux chanoines et gens d'église. » (Lopès p. 418.)

par les enfants de la psallette et par le dépôt des échafauds qui servent aux réparations de l'église, attend une restauration promise depuis longtemps. Il serait regrettable que l'exécution de ce louable projet fût remise *indéfiniment,* car c'est un vieux cloître à restaurer et non un nouveau à reconstruire.

En 1851 (¹), afin d'apporter en ce lieu plus d'ordre et de décence, et conséquemment un esprit plus sérieux de conservation, Son Éminence le cardinal Donnet exprimait le vœu de convertir les cloîtres en Musée du moyen âge, dans lequel eussent été recueillis les fragments épars des monuments religieux qui offriraient un intérêt artistique ou archéologique ; c'eût été une imitation du Campo Santo de Pise, moins les curieuses peintures murales des anciens maîtres italiens.

Enfin, quelle que soit la destination future de ce cloître, espérons que bientôt les amis de nos antiquités nationales ne seront plus affligés par son état de ruine et d'abandon.

Clocher Pey-Berland.

Une annexe de la cathédrale non moins importante que le cloître est le clocher dit de *Pey-Berland,* placé à peu de distance du chevet de l'église et à l'alignement des chapelles du côté sud.

En 1440 furent jetées les fondations de ce haut clocher (²), qui prit le nom de son fondateur, le pieux évêque Pey-Berland (³). L'ouvrage était complètement achevé vers le milieu du xve siècle.

(¹) *Calendrier ecclésiastique du diocèse de Bordeaux,* p. 111.

(²) En ceste année le grand clocher de l'église Saint-André commença à estre édifié aux despens de P. Berland, archevesque, comme témoignent les vers latins qui paroissent encore ce jourd'huy gravez au dit clocher. (De Lurbe, *Chronique bordelaise.*)

(³) Né près d'Avensan (Médoc) vers la fin du xive siècle, archevêque de Bordeaux en 1430, mort en cette ville le 17 janvier 1457.

A la base du monument, sur une plaque de marbre, est une inscription indiquant la forme de ce clocher et le temps de son élévation : Lopès, p. 29; l'abbé Baurein, *Variétés bordelaises*, t. IV, p. 92, et t. V, p. 141, en parlant de quelques particularités relatives à la construction de ce monument, reproduisent l'inscription qui vient d'être signalée.

La tour Pey-Berland est évidemment une imitation des campaniles qui se trouvent fréquemment, en Italie, placés à quelque distance des cathédrales.

Pey-Berland, dans sa jeunesse, assista au premier concile de Pise, en 1409, en qualité de secrétaire du cardinal Hugoccini, et séjourna plus tard à Florence, où il reçut le dernier soupir de son protecteur et de son ami [1].

Dans cette dernière ville, un des monuments qui dut vivement impressionner le futur archevêque de Bordeaux, est l'ouvrage du célèbre Giotto; ce magnifique campanile de Sainte-Marie-des-Fleurs, revêtu de marbres précieux, et si gracieusement élancé, qu'à son aspect Charles Quint prononça cette exclamation : « Ce monument est trop beau pour être vu tous les jours! » Il existe aussi dans l'enfance de Giotto une analogie curieuse avec celle de Pey-Berland; car avant d'être parvenus à de hautes destinées, tous deux avaient gardé les troupeaux de leur père : l'un dans les grandes landes du Médoc, et l'autre dans les plaines riantes de l'Arno.

Ces remarques, que des esprits sceptiques traiteront de puérilités, ont eu peut-être une grande influence sur l'élévation du clocher Pey-Berland. Le saint archevêque, en embellissant sa chère basilique, élevait un témoignage de ses souvenirs de Florence, et procurait à de nombreux ouvriers,

---

[1] François Hugoccini, archevêque de Bordeaux, lui conféra l'onction sacerdotale et se l'attacha en qualité de secrétaire. (*Éloge de Pey-Berland*, par l'abbé Thibaut.)

affligés par la disette, les moyens de s'acquitter honorablement de sa généreuse hospitalité et de ses abondantes largesses (¹); Pey-Berland satisfaisait à la fois les doux rêves de son esprit et les nobles élans de son cœur.

Si les campaniles d'Italie ont inspiré la construction du clocher Pey-Berland, comme architecture il n'a rien d'italien; il se relie au style du chevet de Saint-André, en reproduisant les caractères des xive et xve siècles. Les arcatures et les fenêtres, ornées de trilobes, de tétralobes et de meneaux flamboyants, sont les motifs principaux de sa décoration.

Le plan de ce clocher est un carré flanqué de contre-forts à retraits aux trois étages. Au dernier de ces étages reposait la base d'une flèche octogonale, tronquée par la violence d'un ouragan en février 1617, et que les niveleurs de 1793 rasèrent complétement. Des clochetons, également sur plan carré, s'élèvent aux angles; celui du nord-ouest, renfermant l'escalier du clocher, est beaucoup plus large, et s'élève sur plan octogonal.

La hauteur actuelle de la tour Pey-Berland est d'environ 50 mètres. Suivant M. Bernadau, la tour et la flèche atteignaient la hauteur totale de 80 mètres (²).

Pendant la Révolution, ce monument, vendu pour la somme de 5,050 francs, devint une fabrique de plomb de chasse.

Vers 1844, Mgr Donnet, cardinal-archevêque de Bordeaux, manifesta le vœu de voir cet édifice cesser d'être une propriété privée, et la Commission des Monuments historiques

---

(¹) « En 1440, la Guienne fut frappée d'une nouvelle calamité : c'était la disette, fruit ordinaire des discordes civiles. Les pauvres se réfugièrent dans la capitale pour y chercher des secours contre la faim. Tous se pressaient autour du palais épiscopal, tous tendaient vers le pontife des mains suppliantes. Alors il conçut un projet digne de sa grande âme » (*Éloge de Pey-Berland*, par l'abbé L. Thibaut, 1857.)

(²) *Viographe*, p. 222.

s'empressa de s'associer au projet de restituer ce clocher à la cathédrale.

Plusieurs rapports sur l'importance monumentale de ce clocher, accompagnés de dessins pittoresques et d'études architecturales, par MM. Drouyn et Courau, furent présentés à l'administration préfectorale et au ministère, et « le 29 » juin 1850, un décret du Président de la République auto- » risa l'acquisition, au profit de l'État, moyennant la somme » de 15,000 francs, de la tour Pey-Berland, appartenant aux » époux Bigourdan. En conséquence, un acte d'acquisition » a été passé, le 23 août 1850, entre M. le Préfet et ce » propriétaire; et le 10 février 1851, M. le Ministre de l'ins- » truction publique et des cultes approuva le projet de re- » construction du beffroi et la consolidation de la tour ([1]). »

Deux ans plus tard, le 8 août 1853, était élevée dans cette tour le bourdon *Ferdinand-André,* pesant 11,000 kilogr., fondu au Mans par M. Bollée, et béni solennellement par Son Éminence, ayant pour parrain l'Empereur et pour marraine l'Impératrice ([2]). Un accident arrivé il y a peu de temps va forcément amener la refonte de ce bourdon.

L'entière restauration du clocher Pey-Berland fait partie d'un projet d'ensemble depuis longtemps mis à l'étude : l'isolement complet de la cathédrale et de ses annexes, avec le dégagement de la façade de l'Hôtel de Ville et la construction d'un palais archiépiscopal. Pour la réalisation d'un si beau projet, de grands sacrifices sont nécessaires; mais nos édiles ne doivent point hésiter, s'ils veulent donner à

([1]) *Commission des Monuments hist.,* 1852, p. 60.

([2]) Voir les discours et les détails de la cérémonie de la bénédiction solennelle du bourdon de la tour Pey-Berland dans les journaux de l'époque, 8 août 1853. M. Bernadau, *Viographe bordelais,* p. 222, prétend qu'anciennement il n'y eut jamais de cloche dans la tour Pey-Berland, et M. l'abbé Pardiac, dans sa *Notice sur les cloches de la ville,* s'exprime ainsi : « Pey Berland dota la tour d'une sonnerie digne de la noble cité de Bordeaux. »

cette partie de la cité l'aspect monumental des quais, de la place Royale et du cours de l'Intendance.

Figurons-nous, dans l'avenir, le dégagement de l'ancien palais de Rohan, la cathédrale entièrement isolée avec une façade principale à l'ouest, les cloîtres, la sacristie et le presbytère remplaçant cet îlot de maisons qui dérobe à la vue toute la partie méridionale de Saint-André; le clocher Pey-Berland dégagé des masures adossées à sa base, restauré et couronné d'une nouvelle flèche ou de statues ([1]), et se reliant à la cathédrale par un gracieux square orné d'une fontaine en souvenir de celle d'Ausone ([2]); puis au nord le palais archiépiscopal, avec sa cour d'honneur et son vaste jardin. Tout cet ensemble ne serait-il pas du plus magnifique effet? Ajoutons encore, qu'il est dans les vues municipales d'ouvrir une large voie de la Porte du Palais à l'Hôtel de Ville, laquelle déboucherait nécessairement sur la place Saint-André, où s'étaleraient pompeusement les dispositions monumentales esquissées ci-dessus. Il n'y aurait alors qu'un regret à exprimer, celui de n'avoir pas continué jusqu'aux pieds de la tour Pey-Berland la largeur des anciens fossés des Tanneurs, aujourd'hui nommés cours Napoléon.

REVUE INTÉRIEURE.

L'intérieur de la cathédrale, vu du perron de la tribune de l'orgue, impressionne par les vastes proportions de la nef et l'effet perspectif du sanctuaire et des allées du chœur; mais

---

([1]) Son Éminence le Cardinal Donnet, dans un mandement daté du 2 février 1860, exprime le projet d'ériger au sommet du clocher une statue de la Vierge, sous le vocable de Notre-Dame-d'Aquitaine.

([2]) Près de ce clocher jaillissait une fontaine. Certains antiquaires présument que c'était celle qu'Ausone a célébrée sous le nom de *Divona*, et dont ils recherchent encore l'emplacement dans toute la ville. (*Viographe*, p. 222.)

l'analyse du monument fait reconnaître des constructions de divers styles, accolées les unes aux autres et sans suite, particulièrement dans la nef, où apparaissent des remaniements nombreux. Cependant, il est un fait généralement accepté : « La discordance des parties prises une à une ne détruit pas la majesté de l'ensemble (¹). »

Moins heureusement qu'à l'extérieur, les sculptures, soit d'ornements, de ronde-bosse ou de bas-reliefs, ne se présentent pas à la vue suivant l'ordre chronologique; il ne pouvait en être autrement dans l'intérieur d'un monument dont l'hétérogénéité de style vient d'être constatée.

Procédons alors par ordre de placement en commençant par la porte Rohan.

Bas-reliefs de l'ancien jubé.

Ces bas-reliefs, en pierre de Taillebourg, se trouvent placés en incrustation sous la tribune de l'orgue. (H^r 2^{m}45.— L^r 2^{m}35.)

Le bas-relief exposé du côté droit, en entrant par la porte Rohan, représente *la Résurrection;* au centre de la composition, un ange assis sur le sépulcre entr'ouvert, tenant un livre, désigne aux saintes femmes qui s'avancent le Christ s'élevant dans les cieux. Les saintes femmes, au nombre de cinq, placées à gauche du spectateur, forment un groupe plein de mouvement. A l'opposé, l'un des gardes est renversé sur le sol et les deux autres éblouis. Au-dessus de l'ange, assis sur le sépulcre, le Christ, tenant la croix, porté sur l'aigle de saint Jean, est entouré du lion de saint Marc, du bœuf de saint Luc et de l'ange de saint Mathieu. Dans le fond apparaissent les trois croix du calvaire.

(¹) M. J. Marion, *Bibliothèque de l'École des Chartes*, 1847, p. 46.

La pose et le caractère du Christ rappellent beaucoup trop les figures païennes de Jupiter ou de Ganymède ; aussi le docteur Gélaon trouve excessivement ridicule que l'on compare Jésus-Christ à Jupiter juché sur son aigle, et cite pour exemple la représentation qui se trouve dans l'église Saint-André de Bordeaux.

Le bas-relief placé à gauche de la porte a pour sujet *la Descente aux Limbes*. Le Christ, à demi vêtu d'une ample draperie, élevant le signe de la rédemption de la main droite, s'approche d'un vieillard agenouillé et le relève. Derrière ce groupe, plusieurs personnages se dépouillent de leur linceul. A droite du Christ, au pied d'une croix, sont réunis des hommes, de jeunes femmes et un enfant, tous d'une nudité presque complète ; au nombre de ces personnages est David, reconnaissable à sa harpe et à sa couronne. A gauche, au second plan, sur les ruines d'un monument, se présentent sept figures : Pluton, Proserpine, Cerbère et quatre personnages aux pieds fourchus, aux têtes encornées.

Ce dernier bas-relief est d'une tout autre exécution que le précédent ; d'un modelé plus accentué et plus éloigné du goût de la renaissance, surtout dans l'agencement et l'indication des draperies. Cette différence de caractère fait supposer que ces deux bas-reliefs ne sont point de la même main ; l'exécution du dernier appartiendrait à la fin du XVIe siècle. Dans les deux compositions, le Christ est dépourvu complétement du type chrétien [1].

Ces bas-reliefs décoraient le jubé, démoli en 1804, qui clôturait anciennement le chœur.

Ce jubé avait été construit sous Charles de Grammont,

---

[1] Dans le *Compte rendu de la Commission des monuments historiques*, 1850, p. 15, l'article de M. de Lamothe est accompagné de deux croquis qui ne sont pas d'une rigoureuse exactitude, mais donnent néanmoins d'une manière plus compréhensible que notre description la composition de ces bas-reliefs.

archevêque de Bordeaux, de 1530 à 1544, ainsi que le mentionne Lopès : « *C'est luy qui fist bastir ce beau et magnifique jubé de l'église métropolitaine; ses armes sont gravées au milieu, sur la grande porte du chœur.* »

Le même auteur, à la page 21 de son *Histoire de Saint-André,* donne la description de ce jubé en y joignant quelques réflexions sur le sujet de ces bas-reliefs et sur leur auteur présumé; et le chanoine Lopès, sur le prétendu dire d'un voyageur allemand ([1]), ne craint pas de qualifier ces sculptures de deux chefs-d'œuvre de la façon de Michel-Ange.

Voici le passage de Lopès : « Entre la quatrième et la cinquième de ces colonnes, des deux costés et contre l'autel, sont les deux portes du chœur, par où l'on sort aux allées. Outre ces deux portes est la porte principale du chœur, par où on y entre dans la nef, porte affectée aux chanoines, au-dessoubs d'un jubé très bien basti de belle pierre de taille, et fort blanche. La closture du chœur, au milieu de laquelle est cette porte, est de même pierre, fort bien ouvragée, sur laquelle sont taillées des deux costés deux belles figures en demy-relief : l'une de la descente de Jésus-Christ aux Limbes, d'où il retire les anciens pères; l'autre de sa résurrection, où le Sauveur résuscitant a un aigle sous ses pieds : l'une et l'autre deux chefs-d'œuvres de l'art, et de la façon de Michel-Ange ([1]). Quelques libertins ou hérétiques se sont imaginés que la dernière avait été une figure de Ganymède enlevée par un aigle dans le ciel. La seule veuë du Sauveur résuscitant, et des dames éplorées auprès d'un sépulchre, combat l'impertinence de cette imagination. Comme l'on attribue aux aigles la vertu de se renouveller quand elles vieillissent, un aigle sous les pieds de Jésus-Christ sortant du tombeau, désigne

---

([1]) Apud Jodoc. Sincerum in itinerar, Gall.

clairement le renouvellement de sa vie au jour de sa résurrection. A costé de ces figures sont six niches, trois de chaque costé, curieusement travaillées, avec leurs soubassements. Le tout d'ouvrage iionien très exquis, et de belles pierres blanches, qui viennent depuis ces deux figures jusqu'aux deux entrées des allées du chœur. »

L'abbé Xaupi, dans ses *Dissertations sur l'édifice de l'église primatiale Saint-André de Bordeaux,* 1751, fait suivre ses observations sur le pilier de la renaissance touchant la porte Royale, des réflexions suivantes : « Cet arc-boutant n'est pas
» le seul fruit de la piété et de la magnificence de Charles de
» Grammont. Le superbe jubé qui ferme le chœur de Saint-
» André, et que les connaisseurs admirent avec tant de
» justice, est encore un de ses ouvrages. Ses armes, les
» mêmes qui sont sur le pilier dont nous avons tant parlé,
» occupent tout l'espace qui est au-dessus de la porte.
» La Résurrection du Sauveur et la Descente aux limbes,
» sculptées aux deux côtés, sur une pierre blanche, qui sont
» de bonne main, et que Lopès, sur le témoignage d'autrui,
» dit être de la façon de Michel-Ange, font voir que cet
» archevêque employa les plus habiles maîtres, et n'épargna
» rien de tout ce qui pouvait contribuer à la somptuosité de
» l'édifice. Et comme il se trouve une conformité de goût
» entre ce jubé et notre pilier, ne pourrait-on pas dire que
» ces deux morceaux ont été dressés sur le dessin et à la
» direction du même architecte? »

L'abbé Xaupi ajoute aux réflexions précédentes cette note :
« Jodocus Sincerus, que Lopès cite pour son garant, est un
» auteur peu connu et moins estimé. Michel-Ange n'est jamais
» sorti de l'Italie. On connaît toutes les pièces de sa façon qui
» ont été portées en France; cette Résurrection et cette
» Descente aux limbes ne sont pas du nombre. Ainsi, on doit
» se borner à dire que ces deux beaux morceaux ont été

» seulement exécutés sur les dessins de Michel-Ange. »

La rectification de l'abbé Xaupi n'est pas encore assez complète; rien ne prouve que ces sculptures aient été composées par Michel-Ange, ni exécutées d'après ses dessins. Seulement, ces bas-reliefs rappellent les licences artistiques du XVI⁰ siècle; des personnages mythologiques apparaissaient au milieu de scènes inspirées de l'ancien ou du nouveau Testament.

Raphaël, Michel-Ange ont ainsi composé plusieurs de leurs chefs-d'œuvre. En voici quelques exemples : dans la décoration de la chapelle Sixtine, sont représentés les prophètes et les sybilles; et dans la grande scène du jugement dernier, Caron conduit une barque chargée de réprouvés.

Les bas-reliefs de l'ancien jubé, exécutés dans le cours du XVI⁰ siècle, devaient tout naturellement rappeler, par la forme comme dans l'esprit de leurs compositions, les grands maîtres de la renaissance.

Du reste, l'abbé Xaupi, dans une seconde note qui se trouve à la fin de ses *Dissertations,* ne donne l'importante attribution des bas-reliefs qu'à titre de tradition populaire : « Jodocus Sincerus, cité par Lopès, dit l'abbé Xaupi, est un voyageur allemand dont l'itinéraire en latin est imprimé à Genève, chez P. Chouet, en 1627, in-12 [1]. Il ne fait, en parlant de Bordeaux, que copier Elie Vinet et la *Chronique bordelaise.* A l'occasion du jubé de l'église Saint-André, il

---

[1] Voici, d'après une édition antérieure à celle indiquée par l'abbé Xaupi, le passage de l'*Itinerarium galliæ*:

« Templa elegantiora sunt divi Andreæ et S. Michaëlis : illud trib. turribus,
» hoc unâ sed eminentiore insigne. Illud laquæaribus lapideis ob ductum nullis-
» que columnis Fultum. Exeunti ex choro ad dextram picturam videbis re-
» surrectionis Dominicæ, ubi Christus aquilæ insidens cœlo vehitur. Aiunt
» fuisse antea Ganymedis, sed mutatam. Mihi id non sit verisimile propter
» alteram picturam Purgatorij huic simillimam. »

Jodoci Sinceri, *Itinerarium Galliæ; appendix,* p. 82.
LVGDVNI. ANNO CIƆ IƆ CXVI...

parle de la Résurrection du Sauveur et de sa Descente aux limbes, qu'il nomme *Purgatoire;* mais il ne dit pas que ces morceaux soient de la façon de Michel-Ange. Ainsi l'allégation de Lopès, sur ce fait, ne peut être fondée que sur une tradition populaire, que Lopès lui-même a continué d'accréditer. »

A l'époque du placement de ces bas-reliefs sous la tribune de l'orgue, des observations sur la nudité de plusieurs figures de ces compositions furent présentées à M. Gary, préfet de la Gironde, par Mgr d'Aviau. Ces observations donnèrent lieu à l'échange de plusieurs lettres qui, de tout ce qui est relatif aux sculptures de l'ancien jubé, ne seront pas les détails les moins intéressants [1].

A Monsieur Combes, ingénieur des bâtiments civils du département de la Gironde, à Bordeaux.

Bordeaux, le 27 mai 1812.

Monsieur,

Les bas-reliefs qui ont été placés sous la tribune de l'orgue de Saint-André, laissent apercevoir des nudités que Mgr l'archevêque désirerait qu'on dérobât aux yeux du public, et qui, d'ailleurs, doivent être écartées d'un lieu consacré à l'exercice du culte; il serait à désirer, et je vous invite à le faire, que sans dégrader ce monument des arts, il fût possible de concilier ce que prescrivent la bienséance et l'intérêt de leur conservation.

J'ai l'honneur, Monsieur, de vous saluer avec une considération distinguée.

Le Préfet, baron de l'Empire,
GARY.

Bordeaux, le 29 mai 1812.

Monsieur le Préfet,

Les bas-reliefs que j'ai fait placer sous la tribune de l'orgue, à l'extrémité de la grande nef de l'église Saint-André, avaient été

---

[1] Ces lettres nous ont été communiquées par feu M. Lacour fils, conservateur du Musée, correspondant de l'Institut de France, membre de l'Académie des Sciences, Belles-Lettres et Arts de Bordeaux, mort dans cette ville le 17 avril 1859.

placés autrefois au jubé, au-devant de l'entrée du sanctuaire de cette église, en 1531, sous M#gr# l'archevêque de Grammont.

Lorsqu'on démolit ce jubé, les amateurs des arts et les artistes regrettèrent la perte de ces ouvrages; en les démolissant, on en conserva cependant les matériaux avec soin, dans l'espoir de pouvoir les replacer un jour dans quelque autre partie de l'église. Ayant été chargé de la restauration qui a été ordonnée par Sa Majesté l'Empereur, j'ai profité de cette occasion pour les placer sous la tribune de l'orgue, très-loin du sanctuaire. En les plaçant ainsi, je ne pensais point que la vue de ces bas-reliefs pût blesser les mœurs ni la religion, puisqu'ils avaient été placés dans l'origine dans une partie de l'église consacrée plus particulièrement aux crérémonies religieuses, sans qu'on les ait soustraits à la vue des fidèles pendant près de trois siècles.

Pour satisfaire le désir de M#gr# l'archevêque, il faudrait faire des draperies en plâtre au-devant de quelques figures, mais ce travail n'aurait aucune solidité si l'on ne taille les parties où il devra être appliqué pour le faire prendre. Ce sera une véritable mutilation; les artistes et les amateurs, qui s'étaient plaints sans aucun fondement que je détruisais ces objets d'art lorsque je les fis placer, seront mieux fondés en accusant ceux qui les auront fait dégrader.

Si, malgré cela, vous pensez, Monsieur le Préfet, qu'il faille donner cette satisfaction aux personnes qui le désirent, je vous prie de l'ordonner et je le ferai exécuter soudain.

J'ai l'honneur, etc.

COMBES.

Cette lettre est écrite au dos de la précédente.

A Monsieur Combes, ingénieur des bâtiments civils du département de la Gironde, à Bordeaux.

Bordeaux, le 5 juin 1812.

MONSIEUR,

J'avais transmis à M#gr# l'archevêque la lettre que vous m'aviez écrite relative au bas-relief de l'église cathédrale; d'après les observations contenues dans la lettre de ce prélat, lettre dont je joins ici une copie, je ne puis que vous inviter et vous autoriser à faire disparaître de ces bas-reliefs tout ce qui peut blesser la décence, sans rien faire perdre, autant que possible, au mérite de cette sculpture, et j'espère de vos soins et de vos talents, que Mgr l'archevêque n'aura qu'à vous témoigner sa satisfaction de la manière dont vous aurez rempli son attente.

J'ai l'honneur, Monsieur, de vous saluer avec une considération distinguée.

Le Préfet, baron de l'Empire,
GARY.

ARCHEVÊCHÉ DE BORDEAUX.

Bordeaux, le 2 juin 1812.

Monsieur le Préfet,

Je vous remercie sincèrement de l'attention et de la suite que vous donnez à ma demande concernant les bas-reliefs placés ci-devant au jubé de notre église cathédrale, et à présent sous la tribune de l'orgue. Dans cette demande, j'exprimais avec mon propre vœu celui de bien d'autres personnes zélées pour la décence, tant ecclésiastiques que séculiers, et même d'entre les artistes, l'un de ceux-ci a cru devoir m'en écrire exprès. L'ingénieur des bâtiments civils qui préside à ces travaux de restauration et décoration paraît craindre, s'il fait draper les figures trop découvertes, de donner lieu aux reproches qu'on lui fit autrefois, mal à propos, de ne pas respecter les plus précieux monuments d'arts *(sic)*. Ces reproches seraient encore moins fondés dans la circonstance actuelle; d'abord, et il le sait mieux que moi, tout n'est point admirable dans ces bas-reliefs; s'il offrent du très-bon, il y a des parties médiocres pour le mérite du travail, d'autres au-dessous du médiocre. Mais une sorte de tradition garantit que ce sont des chefs-d'œuvre, et chefs-d'œuvre de la façon de Michel-Ange, comme dit le bon chanoine théologal Lopès. Ce Lopès, en réfutant l'explication hétérodoxe et ridicule de ceux qui prétendaient que la figure du Sauveur, l'aigle au-dessous de lui, était un Ganymède, se met en frais pour montrer que l'aigle n'est là qu'un symbole de la résurrection, *renovabitur, ut aquilæ, juventur tua;* ce qu'on a répété après lui, et c'est depuis peu, que, sans égard pour cette tradition, nous avons reconnu tout simplement dans ce bel aigle réuni avec un jeune homme ailé, une tête de lion et celle d'un bœuf, les symboles ordinaires des quatre évangélistes, qui rendent témoignage à la résurrection glorieuse de notre Seigneur.

Mais, dit M. Combes, ces bas-reliefs sont restés pendant trois siècles à l'entrée du sanctuaire, et je les fixe à l'autre extrémité de l'église. J'approuve fort sa délicatesse, et je l'engage seulement à y ajouter tant soit peu, sans quoi elle devient inutile, car tous les jours nous voyons des gens de différentes classes s'écarter de l'autel pour se rassembler devant cette sculpture.

M. Combes ajoute que « pour satisfaire mon désir, il faudrait faire des draperies en plâtre au-devant de quelques figures ; mais que ce travail n'aura aucune solidité si l'on ne taille les parties où il devra être appliqué pour le faire prendre, et ce sera, dit-il, une véritable mutilation. »

En vérité, Monsieur le Préfet, j'en porterais volontiers le reproche. Je répondrai, néanmoins, que les sculpteurs qui sont employés depuis fort longtemps dans notre église, s'y prendraient assez bien pour que la mutilation ne s'aperçût même pas ; et quand je leur en ai parlé, ils ne m'ont point témoigné cette crainte. Je m'avoue fort ignorant dans les procédés de leur art, mais j'en ai connu des résultats heureux : par exemple, je me souviens d'une statue dont la nudité avait choqué la reine, femme de Louis XV : c'était, je crois, une Atalante dans les jardins de Marli ; on sut lui donner une chemise de marbre qui fit honneur à l'artiste. M. Combes a vu, ainsi que moi, dans la basilique du Vatican, au mausolée de Paul III, cette célèbre figure d'une vertu cardinale, drapée également après coup, et sans nuire à son effet, mais en métal.

Je vous supplie donc, Monsieur le Préfet, de prendre au mot l'ingénieur des bâtiments civils de votre département, et laissant à son libre choix, métal, ou marbre, ou plâtre, veuillez lui enjoindre de nous donner enfin cette satisfaction aussi légitime que peu coûteuse ; en sorte que, selon la promesse consignée en sa lettre, il fasse exécuter soudain.

Agréez, etc.

Signé, CH. FR., *archevêque de Bordeaux.*

Pour copie conforme :

Le secrétaire-général de la préfecture,
PELAUQUE.

Pour donner suite aux réclamations de Mgr d'Avian, M. Lacour père fut chargé de draper ces statues avec de la toile enduite d'un lait de chaux; mais depuis longtemps ces draperies ont complétement disparu.

Lorsque s'effectuera le projet de la grande façade occidentale, il est présumable que de nouveaux remaniements auront lieu vers la tribune de l'orgue, et les bas-reliefs seront encore déplacés ainsi que d'autres fragments de l'ancien jubé. Ne serait-il pas alors plus heureux, pour satisfaire à la fois et les amis des arts et le clergé, d'exposer ces bas-reliefs au futur Musée d'antiques de la ville, ou sous les cloîtres si l'on ne veut les distraire de la cathédrale pour laquelle ils ont été faits?

Tribune de l'orgue.

La tribune de l'orgue, dans le style de la renaissance, placée à l'entrée de la nef, fut élevée en 1531, sous Charles de Grammont. Ce prélat, qui avait fait édifier le contre-fort extérieur dont il a été déjà parlé, est un des archevêques de Bordeaux qui ont laissé des preuves nombreuses de son zèle pour l'embellissement de la cathédrale.

Antérieurement aux travaux dirigés par M. Combes, en 1810, voici, d'après un rapport manuscrit de cet architecte, la disposition de la tribune de l'orgue : « Elle était composée » de quatre arcades; une des piles se trouvait placée dans » le milieu. Cette tribune n'avait que 3 mètres de largeur, » plafonnée en grandes pierres plates ornées de losanges en » dessous.

» Ces dispositions, dit M. Combes, empêchaient l'ouverture » de la porte principale projetée de la place Rohan; la tribune, » qui avait été démolie, fut reconstruite avec les mêmes » matériaux, mais sur un nouveau plan, seulement avec trois » arcades. La suppression d'une des anciennes arcades permit » de placer une niche de chaque côté, décorées d'enfants et

» d'arabesques avec des couronnes de lauriers où l'on a placé
» la lettre initiale du nom de Sa Majesté l'Empereur et Roi. »
(Ces initiales ont disparu.)

« Le sol de la place du côté du palais impérial étant plus
» élevé que celui de la nef d'environ 1^{m}60, il a fallu établir
» la tribune à cette hauteur au moyen d'un très-grand
» perron.

» La tribune fut élargie de 2 mètres environ et voûtée en
» arc de cloître, formant trois carrés égaux, au milieu des-
» quels il y a un caisson avec des losanges ornés de belles
» rosaces antiques.

» Les bas-reliefs du jubé qui a été démoli, que quelques
» artistes et amateurs regrettaient, ont été placés en incrus-
» tation contre le mur du fond de la tribune, et sur l'un des
» côtés (à droite en entrant) fut également placée la porte
» d'entrée du même jubé, avec les grands pilastres ornés
» d'arabesques; il en a été figuré un semblable, avec des
» arabesques, pour offrir la même symétrie, du côté op-
» posé ([1]). »

Ces dispositions générales de la tribune étant indiquées,
voici les détails d'ornementation : Au centre, sous la place
de l'organiste, l'apôtre saint André, patron principal de
l'église; à sa gauche, sous une arcade de petite dimension,
saint Paul tenant une épée; à l'opposé, saint Pierre. Ce bas-
relief est renfermé dans un cadre qui se termine à sa partie
supérieure par deux têtes d'oiseaux. Le bas-relief, au nord de

---

([1]) Les pilastres de l'ancienne porte du jubé sont richement décorés : des
faunes, des génies, soutiennent alternativement des cartouches sur lesquels
sont des médaillons représentant des scènes de l'ancien testament, Adam et
Ève dans le paradis terrestre, la mort d'Abel, etc., le tout entremêlé d'oiseaux,
de branches de lauriers et de griffons. Sur la partie opposée se trouvent la
porte et les pilastres modernes, imitant dans leur ensemble la même décoration que les précédents; seulement, l'exécution en est beaucoup plus sèche.
Le premier pilastre en entrant est signé BONINO; le second, non signé, est le
travail du sculpteur Quéva.

celui qui vient d'être décrit, représente un sujet entièrement mythologique emprunté à la vie d'Hercule, et à l'opposé un médaillon tenu par deux petits génies, sur lequel est le buste d'une jeune femme, et sur la saillie de ce médaillon, au-dessus d'un autel, des cœurs enflammés. M. de Lamothe explique ainsi ces compositions : « Ces divers sujets nous paraissent se rapporter au second mariage de Henri IV; la tête de femme du médaillon serait celle de Marie de Médicis, et le combat d'Hercule rappellerait la devise du roi : Hercule domptant un monstre; *invia virtuti nulla est via* (¹). »

Le sujet de ces bas-reliefs et le caractère de leur exécution, d'un goût renaissance moins pur que les pilastres des arcades, autorisent à considérer l'ornementation des parties hautes de la tribune comme travail de l'année 1603, époque où, d'après M. Combes, furent bâties les tribunes du parlement et des jurats, qui s'élevaient à 3 mètres le long des arcades, au midi, et où se voyaient dans les caissons de la voûte de ces tribunes les chiffres enlacés de Henri IV et de Marie de Médicis.

Les trois arcades de la tribune de l'orgue reposent sur des piliers octogones en plan, ornés de pilastres recouverts de gracieuses arabesques, composées de jeunes enfants, de cigognes, de vases de fleurs, le tout entremêlé de guirlandes et d'élégants rinceaux. Les volutes des chapiteaux sont formées par de petites cariatides supportant les angles du tailloir; et dans les écoinçons des arcades, divers médaillons avec figures coiffées de casques ou couronnées de lauriers. Les arceaux sont également décorés de médaillons, de caissons, de rosaces, et dans la frise, des enroulements s'épanouissent en torses de sirènes. L'ensemble de cette tribune rappelle les portiques des châteaux de Blois, d'Anet et de Gaillon.

(¹) *Commission des monuments historiques,* 1850, p. 17.

Modillons historiés, clefs de voûtes, chapiteaux, écoinçons.

Dans la nef, à côté de la chaire, au rang des fortes consoles supportant la galerie, apparaissent trois bustes : un évêque, un duc ou roi, une reine ou duchesse. « Je regarde » tellement, dit Mgr Donnet, ces trois bustes comme histo- » riques, que les autres modillons n'ont pas de sculpture, et » que tous supportent une galerie où la tradition raconte que » se trouvait l'effigie d'Eléonore ([1]). »

Précédemment, dans la revue extérieure, nous avons signalé l'image présumée de cette princesse et celle d'un de ses époux au-dessus de la porte Royale; la place alors était digne, convenable. Mais ici peut-on reconnaître des bienfaiteurs de races royales sous la forme des modillons historiés ou de corbeaux recevant une tablette de corniche? Si les autres modillons n'ont pas de sculptures, ne retrouve-t-on pas ces lacunes dans la décoration du moyen âge, où se rencontrent fréquemment des parties lisses en opposition avec des parties ornées; des chapiteaux d'une grande simplicité en regard d'autres chapiteaux richement sculptés? Après tout, ces bustes couronnés ne sont pas les seuls qui se découvrent dans la nef : vis-à-vis la porte de la sacristie, au midi, à la quatrième et cinquième travée, au-dessus du meneau divisant les arcatures géminées des deux croisées, apparaissent deux figures portant également des couronnes. Faudra-t-il les regarder aussi comme des images placées en souvenir de quelques hauts personnages?

L'explication de tous les détails d'ornementation d'une cathédrale est une tâche d'une grande difficulté. Car ne voit-

---

([1]) Monseigneur accepte ces bustes comme représentant : Éléonore de Guienne; Henri, comte d'Anjou; et Gaufridus III, archevêque de Bordeaux. — (*Monographie de Saint-André*, 1851, p. 17.)

t-on pas tous les jours, en étudiant les édifices des siècles passés, des bas-reliefs, des statues qui déjouent l'érudition des plus célèbres archéologues, sans compter toutes les sculptures qui ont donné lieu à des définitions très-ingénieuses sans doute, certainement plus remarquables que les sujets qui les avaient suscitées, mais aussi très-hypothétiques?

La bizarrerie ou l'ignorance a parfois guidé le ciseau de quelques imagiers, et vouloir trouver un sens élevé, même raisonnable, à tout ce que le moyen âge nous a légué, n'est-ce pas s'exposer à de graves erreurs?

Une pareille opinion sera peut-être traitée d'hérésie archéologique par les maîtres de cette science; cependant, artistiquement pensant, pourquoi ne pas admettre que, même à la plus belle époque de l'art hiératique, de sceptiques statuaires aient donné libre cours, dans l'exécution de détails secondaires, à leurs caprices ou à leurs fantaisies?

La vaste nef de la cathédrale, « *la plus large que des nervures ogivales aient recouvertes de leurs gracieux réseaux,* » offre dans la construction de ses voûtes deux époques bien distinctes : la fin du XIVe siècle vers le transsept, et le commencement du XVIe vers la tribune de l'orgue; toutes les sections de ces nervures sont ornées de clefs de voûtes avec motifs d'ornementation : sur la première, en venant du chœur, les armes de France; le martyre de saint André sur la seconde, et enfin sur la troisième le Christ en croix.

A la suite, dans le goût de la renaissance, viennent des couronnes de feuillages et des rosaces aussi gracieuses d'arrangement que délicatement exécutées. Ces rosaces, d'une grande finesse de ciselure, indiquent un travail d'atelier; elles sont fixées aux voûtes par des tiges de métal. En outre de ces clefs, ornées de couronnes et de festons, se voient aussi les écussons armoriés des archevêques bienfaiteurs de l'église, notamment les armes de Jean de Foix, archevêque de Bordeaux, qui fit reconstruire la partie des voûtes renversées par le tremblement de terre du 2 mai 1427. Dans le pourtour du chœur se trouvent aussi des écussons qui, bien certainement, étaient peints aux armes des archevêques et des seigneurs de la cité ([1]).

Après ces quelques remarques sur l'ornementation des voûtes, examinons les chapiteaux des colonnes monocylindriques ou engagées, et ceux des colonnettes divisant les croisées.

Au moyen âge, « *le chapiteau n'était plus un simple ornement, il entrait dans la construction comme une des parties les plus importantes, puisqu'il devenait l'assiette, le point de départ des voûtes.* » Ce principe est remarquablement traité par M. Viollet-le-Duc dans son *Dictionnaire;* mais il ne s'agit ici que d'appeler l'attention sur la forme des objets de décoration plutôt que sur leur raison d'être.

La cathédrale Saint-André, malgré sa sobriété de sculptures, comparativement à la richesse décorative des grandes cathédrales du Nord, possède une suite fort intéressante de chapiteaux ornementés, depuis le XIe siècle jusqu'à la renaissance. Cette étude est d'autant plus intéressante, que de toutes les parties qui caractérisent le style architectural d'une époque, le chapiteau est certainement un des signes les plus distinctifs.

Les chapiteaux supportant les archivoltes des murs latéraux de la nef appartiennent à l'époque romane, fin du XIe siècle; ils ne sont pas riches de sculptures, mais bien franchement

---

[1] Jusqu'au XVIe siècle, l'usage s'est perpétué de peindre les clefs de voûte, et de les peindre aux armes des souverains, évêques, abbés, seigneurs, villes, etc. Voir les registres des comptes de l'œuvre de l'église de Troyes; *Dictionnaire de l'archit.,* Viollet-le-Duc, t. III, p. 271.

caractérisés (¹). D'autres chapiteaux de même style, d'une composition plus riche et d'un plus fort volume, apparaissent dans les parties élevées de la nef, vers l'orgue, et dans les embrasures des fenêtres; quelques-uns noyés dans l'épaisseur des murs. Ces chapiteaux, suivant l'opinion de plusieurs archéologues, indiqueraient la disposition primitive de la voûte de l'ancienne basilique, une coupole sur pendentifs.

Un observateur attentif reconnaîtra les murs en placages élevés à diverses époques pour renforcer les murailles de la nef, et n'hésitera pas à distinguer les faisceaux de colonnes à chapiteaux imités du style roman, mais fortement empreints du style de l'empire, dont M. Combes, en 1808, ne pouvait évidemment pas s'affranchir.

Le XIII° siècle est aussi représenté par quelques chapiteaux à crochets dans les angles des hautes fenêtres de la nef. Ceux des faisceaux des colonnes supportant les voûtes ont un double rang de crochets épanouis et sont du XIV° siècle. Dans le transsept et le pourtour du chœur, toute description devient fastidieuse en raison de la multiplicité des ornements employés, qu'un simple croquis caractériserait beaucoup mieux qu'une sèche et monotone analyse; disons seulement que tous ces chapiteaux empruntent leur décoration aux plantes indigènes : le chêne, le platane, la vigne et le lierre. Terminons cette revue des chapiteaux de l'intérieur de la cathédrale en signalant les anneaux ou cordons, aujourd'hui brisés, entourant les grosses colonnes de la nef, vers l'orgue, à la naissance des arcs-ogives, où se remarquent de légers feuillages, des oiseaux et de petites figurines entièrement détachés de la masse, travail de la renaissance.

Les basses-œuvres de toutes les chapelles du chœur sont

(¹) On voit encore sur le mur, au midi, les traces des anciennes archivoltes romanes qui se reliaient à celles que nous voyons aujourd'hui.

décorées d'arcatures trilobées, et dans les écoinçons s'entrelacent des branches d'arbres de diverses essences : platane, laurier, lierre, chêne et figuier. Dans l'ancienne chapelle Notre-Dame, aujourd'hui chapelle du Sacré-Cœur (depuis 1817. Voir la *Dominicale bordelaise,* 1836, p. 24), l'ornementation des écoinçons est, en grande partie, une suite de charmants petits bas-reliefs reproduisant des scènes de l'enfance de Jésus-Christ.

Le premier bas-relief, suivant l'ordre chronologique, est placé sur la gauche en entrant ; il représente l'Annonciation, puis viennent les sujets suivants ; la Visitation, la Nativité, les Anges apparaissant aux bergers, la Circoncision, le Massacre des Innocents et la Fuite en Egypte.

D'autres sujets de l'enfance de Jésus ou relatifs à sa naissance se retrouvent dans les chapelles voisines : ainsi, au midi, répétition de la Fuite en Egypte et de la Visitation, et dans la chapelle, au nord, des Idôles renversées.

Ces petits bas-reliefs sont bien composés, quelques-uns pleins de sentiment, surtout celui de la Visitation ; les indications, d'une grande finesse et les draperies élégantes. L'abbé Sabatier reproche au bas-relief de la Nativité le lit de la Vierge, qu'elle ne dut pas trouver dans l'étable de Bethléem. Et dans la scène de l'Annonciation, la Vierge est debout, « selon la tradition suivie par les plus anciens » artistes, et selon le texte évangélique lui-même, qui nous » représente Marie troublée et presque disposée à prendre la » fuite (1). »

Au résumé, tous ces bas-reliefs, souvent dessinés et es-

---

(1) *Etudes archéologiques,* par M. l'abbé Pardiac ; Bordeaux, 1859, t. II, p. 7. M. l'abbé Pascal est beaucoup plus difficile sur la composition de cette scène évangélique. Nous renvoyons le lecteur aux observations développées dans le chapitre III, p. 228, des *Institutions de l'art chrétien ;* Paris, 1856, 1 vol. Jusqu'à ce moment, dit M. l'abbé Pascal, il est impossible de citer comme vrai chef-d'œuvre d'art intimement chrétien un tableau d'Annonciation.

tampés, sont d'intéressantes sculptures du commencement du xvᵉ siècle (¹).

Tombeaux et statues.

Vers l'année 1804, lors des réparations de la cathédrale, un grand nombre d'anciens tombeaux d'archevêques, de chanoines et de hauts dignitaires de la province, rangés autour du chœur et dans les chapelles, furent malheureusement détruits. Cependant, rien ne motivait impérieusement la destruction de ces monuments funéraires; le respect qu'ils devaient naturellement inspirer, le haut intérêt de ces sépultures avec des inscriptions précieuses pour l'histoire locale, la valeur artistique qu'offraient ces ouvrages d'art des siècles passés, étaient des titres puissants pour arrêter le bras des démolisseurs. Et, fait inexplicable, ces mutilations eurent pour promoteur un homme qui a laissé des témoignages irrécusables de sa science et de son goût éclairé.

Lopès, dans son *Histoire de Saint-André,* décrit quelques-uns de ces monuments, en désignant la partie de l'église où ils étaient placés. Cette description, malheureusement trop succincte, est néanmoins pour nous d'un bien grand intérêt. En réédifiant fictivement ces tombeaux, les allées du chœur et les chapelles prennent un aspect profondément empreint de cette poétique et pieuse tristesse qui caractérisait si puissamment les monuments religieux du moyen âge.

A Saint-André, comme dans toutes les anciennes cathédrales, l'ensevelissement, dans l'intérieur de l'église, des évêques et des prêtres se pratiquait antérieurement à Char-

(¹) Voir le *Rapport de la Commission des monuments hist.*, 1849, p. 26, dessin et description de ces écoinçons.

lemagne. Ce prince, dans ses *Capitulaires,* mentionne l'usage de ces inhumations.

La plus ancienne sépulture d'un personnage laïque qui ait eu lieu à Saint-André, est du xiᵉ siècle, sous l'archevêque Goscelin : « Le chapitre de Saint-Seurin, dit Lopès, p. 47, » se plaignit de ce que le chapitre de Saint-André avait fait » ensevelir en son église un gentilhomme de Gascogne » nommé Othon de Montal. » Le même historien cite trois archevêques de Bordeaux : Godefroy III (1158), Pierre I (1269) et Simon de Rochechouart, ensevelis à Saint André *« dans la chapelle Notre-Dame, qui est aux allées du chœur. »* Cette désignation peut-elle s'appliquer à la chapelle actuelle, ou ces faits n'indiqueraient-ils pas pour les basses-œuvres de l'abside une date de construction antérieure à celle admise par la plus grande partie des archéologues ?

Autour du chœur s'élevaient, avec d'autres images en pierre, les mausolées du xivᵉ siècle, d'Arnaud de Canteloup, d'Hélies de Brémont, archevêques; du chanoine Vital Carle, fondateur de l'hôpital Saint-André (¹), et celui de l'archevêque Antoine de Sansac, de la fin du xviᵉ siècle.

Le sanctuaire renfermait les tombeaux de Raymond de Roqueis et d'Amanieu de Lamothe, archevêques; de Gaston

---

(¹) Nous l'avons vu jusqu'en 1806, dit M. Bernadau, adossé contre l'ancien mur de clôture du chœur, vis-à-vis la chapelle du Mont-Carmel. Il s'élevait de 1 mètre au-dessus du sol et était construit en pierre, sans autre sculpture que la représentation du défunt, étendue sur le sarcophage. A côté et contre la muraille était placée une petite statue, sous laquelle on lisait :

ISTA SEPULTURA-EST-DNI-VITALIS CAROLI, CANTORIS ECCLESIE BURDIGALENSIS, IPSIUSQ. ET STI SEVERINI ECCLESIARUM CANONICI, FUNDATORIS HOSPITALIS STI ANDREE BURDIGALENSIS . ET IN PEDE EJUSDEM SEPULTURE FUIT SEPULTUS DNUS GALLARDUS CAROLI EJUS NEPOS, DICTE ECCLESIE THESAURARIUS, EJUSDEM BURDIGALENSIS ET STI SEVERINI ECCLESIARUM CANONICUS, DIE STI LAZARI ANN . MCCCLXXXV . ET DICTUS DNUS VITALIS FUIT SEPULTUS DIE XV MENSIS MARTIJ ANN . DNI . MCCCXCVIII . QUORUM ANIME REQUIESCANT IN PACE. (*Viographe Bordelais,* 1844, p. 227.) M. Bernadau avait déjà publié en 1797, dans ses *Antiquités Bordelaises,* l'épitaphe de ce tombeau, mais cette épitaphe n'est point semblable à celle que nous venons de citer. Ces variantes sont choses fort communes dans les écrits de M. Bernadau.

de Foix, blessé mortellement à Libourne dans un carrousel, en 1470; de Tristan de Moneins, lieutenant du roi, et qui périt à Bordeaux victime de la fameuse émeute populaire de 1548; de M. de Burie, gouverneur de la province de Guienne de 1559 à 1565; et dans le transsept, au nord, à main droite, *proche du pilier où commence la nef*, était la sépulture *de Raymond de Landiras, chanoine et archidiacre du Médoc*, démolie vers 1840 pour y placer les fonts-baptismaux. Sur le sol du déambulatoire, au milieu du dallage de la nef, se voyaient de larges pierres tumulaires, sur lesquelles étaient gravées au trait ou figurées par des lamelles de cuivre les effigies de plusieurs archevêques et chanoines. Les dalles de la nef étaient recouvertes en grande partie d'inscriptions funéraires (1). De toutes ces anciennes tombes, il ne reste plus que la statuette de Pey-Berland et le tombeau d'un chanoine, placé à l'entrée de la chapelle Saint-Anne, anciennement chapelle de Saint-Jacques. (Sur ce tombeau, orné de quatre-feuilles, élevé de 80 centimètres et de 1m85 de longueur, est une statue couchée, les mains jointes, ayant à ses pieds une levrette, le tout en pierre). Enfin, se retrouvent encore des pierres tombales dans les allées du chœur, sur lesquelles apparaissent en creux les masses de plusieurs figures occupées primitivement par des images en cuivre doré.

Mais de tous ces monuments funéraires aujourd'hui détruits, il en est un qui est bien digne d'une citation spéciale; il était placé au fond du sanctuaire, et son anéantissement remonte au xviie siècle : c'était le tombeau du duc Charles de Guienne, frère de Louis XI, mort à Bordeaux, le 12 mai 1472, au château du Hâ. « *Charles, duc de Guienne, fils de France, était représenté nud-chef à Saint-André de*

---

(1) Voir les *Antiquités* de Vinet et Lopès, *Hist. de Saint-André*, p. 60.

Bordeaux; mais ses armes ôtées, puis naguières étaient timbrées de couronnes à haut fleurons (¹). »

Était-ce pour effacer dans l'esprit populaire les soupçons qui se perpétuaient par la tradition sur l'auteur présumé de la mort tragique de Charles de Guienne, que fut détruit le tombeau de ce prince infortuné?

Ce n'est pas dans une sorte de catalogue d'objets d'art qu'un fait de cette importance peut être discuté (²), mais cet ouvrage étant également un recueil de souvenirs historiques, il est utile d'y rappeler que dans ce sanctuaire reposent les cendres du dernier duc de la province de Guienne.

Fragment du tombeau de Pierre Berland.

Vis-à-vis la chapelle de Sainte-Marguerite, attenant à un pignon décoré de meneaux flamboyants, sur une console, est adossée au mur de clôture du sanctuaire une statuette en albâtre, de 1ᵐ10 de hauteur, représentant l'archevêque Pierre Berland, né près d'Avensan, en Médoc, vers la fin du xɪvᵉ siècle, mort à Bordeaux le 17 février 1457.

Le saint archevêque, vêtu pontificalement, la mitre sur la tête, tient un bréviaire de la main gauche, et de la droite un bâton pastoral surmonté d'une main de justice.

Au-dessus d'une inscription moderne, et autour d'un médaillon circulaire ayant au centre le monogramme du Christ, se lit cette deuxième inscription, contemporaine de la statue :

IMAGINEM PARVAM VENERABILIS PETRI ASPICE SUPRA.

Derrière la statue de Pierre Berland était le tombeau de

(¹) Ph. Moreau, *Tableau des armoiries*, 1609.
(²) Voir l'*Histoire de Louis XI*, par Villaret et Garnier, 1777, t. I, p. 473.

ce vénérable prélat, ainsi que le mentionne Lopès dans son *Histoire de Saint-André* : « Plus avant dans le chœur, et joignant ce dernier (¹), est le tombeau de Pierre ou Saint-Pey-Berland, archevêque, dont nous dresserons l'éloge en sa vie. Il paraît encore proche de son tombeau quelques vestiges des oblations qu'y portaient les fidèles après sa mort; au dehors est attachée, à la clôture du chœur qui touche ce tombeau, une petite armoire de fer à barreaux où l'on a conservé son bréviaire. Au-dessus de cette armoire, d'un costé est un écusson des armes du pape Martin V, son bienfaiteur, de la maison noble des Colonnes, en Italie, qui porte une colonne mise en pal et une couronne au-dessus. »

L'armoire en fer, le bréviaire de Pierre Berland, l'écusson du pape, ont disparu depuis longtemps. M. de Lamothe pense que ces objets occupaient la place, au-dessous de la statuette, où une inscription, en caractères gothiques modernes, a été placée vers 1838 (²).

Mausolée d'Antoine de Noailles.

Dans la chapelle Sainte-Marguerite, anciennement chapelle de Saint-Blaize, sur la droite en entrant, se trouve un mausolée du XVIᵉ siècle, ainsi composé : Piédestal en pierre, orné de placages de marbre : sur le piédestal repose un socle où se voient les armes de Noailles; *de gueules à la bande d'or*. La base du socle est flanquée de boucliers, et au-dessus s'élèvent des enroulements à forme d'ailes soutenant une pyramide. La hauteur de ce monument est de 7 mètres. Sur

---

(¹) Le mausolée d'Hélies de Brémont.
(²) Figure et description de cette statue. *Compte rendu de la Commission des monuments hist.*, 1848, p. 21.

la face du piédestal est une plaque de marbre noir, de forme elliptique, portant cette inscription :

        D. O. M.
ANTOINE DE NOAILLES
FILS DE LOVIS ET DE CATHERINE
DE PIERRE BVFFIÈRRE
FIT SOVS QVATRE ROYS LOVABLES
PREVVES DE SOY AVX GVERRES DE SON TEMS
FVT CHEVALIER DE L'ORDRE
AMBASSADEVR D'ANGLETERRE
EVT EN DIVERS ENDROITS DE ROYAUME
CHARGE DE LIEVTENANT DE ROY ET D'ADMIRAL
MOVRVT EN CETTE VILLE DANS SON GOVVERNEMENT
A L'AGE DE LIX ANS
SON CORPS EST A NOAILLES AVEC SES AYEUX
MAIS JEANNE DE GONTAUX
SA FEMME EPLEVREE
A MIS SON COEVR
EN MARS MDLXII

———

DIEV PAR SA GRACE
LVI FASSE MERCY.

———

Tombeau de Mgr d'Aviau.

Charles-François d'Aviau naquit le 7 août 1736, au château du Bois de Sanzay, au diocèse de Poitiers ; nommé archevêque de Bordeaux en 1802, il mourut dans cette ville le 11 juillet 1826, et fut inhumé au milieu de la chapelle Saint-Charles, ancienne chapelle de Saint-Nicolas.

Sur le côté oriental de cette chapelle, contre la muraille, s'élève le monument funéraire et la statue en pierre de Mgr d'Aviau. Ce monument, de forme rectangulaire, est surmonté de l'image de l'archevêque agenouillé, la tête inclinée et les mains jointes. Sur la face principale du mausolée est une très-longue épitaphe latine (¹) rappelant les vertus de ce saint archevêque et les événements les plus importants de son épiscopat. Au-dessus de l'épitaphe apparaissent deux anges tenant un cœur enflammé. Cette allégorie n'est pas heureusement rendue.

M. de Lamothe a, par erreur, attribué la composition de ce tombeau à M. Marcellin. Il fut exécuté par feu M. Poitevin, architecte de la ville de Bordeaux, de 1818 à 1830, et les statues sont de M. Romagnesi, professeur à l'École de marine, alors à Angoulême.

Tombeau du Cardinal de Cheverus (²)

Ce tombeau, entièrement en marbre d'Italie, placé à gauche de la nef, près du transsept, a été composé et exécuté par MM. V. Mialhe, architecte, et Maggesi (Dominique), statuaire de la ville de Bordeaux, né à Carrare, élève de Bartholini, de Florence. Commencé vers 1840, ce monument ne fut inauguré que le 30 juillet 1849. Le roi Louis-Philippe, l'État, le Département, la Ville, le Clergé et de nombreux habitants

---

(¹) Cette épitaphe a été reproduite par M. de Lamothe : *Dissertations sur l'église Saint-André* (*Actes de l'Académie de Bordeaux*, t. IV et V), et M. Bernadau en a donné la traduction dans le *Viographe bordelais*, 1844, p. 228.

(²) Jean-Louis-Anne-Magdeleine-Lefèvre de Cheverus naquit à Mayenne, le 27 janvier 1768 ; il reçut l'onction sacerdotale le 18 décembre 1790, et peu de temps après fut nommé vicaire général au Mans. En 1793, il quitta la France, alla en Angleterre, y professa les mathématiques, puis se rendit à Boston, dont il devint évêque en 1803. Le 1ᵉʳ juin 1823, une ordonnance de Louis XVIII appela Mgr de Cheverus à l'évêché de Montauban, où son séjour ne dura que trois ans, ayant été nommé à l'archevêché de Bordeaux le 30 juillet 1826. Le 1ᵉʳ février 1836, le pape Grégoire XVI éleva Mgr de Cheverus à la dignité de cardinal ; mais cinq mois après, le 18 juillet, le saint prélat rendait son âme à Dieu.

En 1845 fut élevé par souscription nationale à Mayenne, lieu de naissance de Mgr de Cheverus, la statue en bronze de cet archevêque, œuvre de David d'Angers.

de Bordeaux, contribuèrent à son érection. Ce tombeau, composé dans un style grec-renaissance, est formé de deux parties superposées : le tombeau proprement dit et l'apothéose du saint Prélat. Le socle, très-sobre d'ornements, présente pour décorations cinq caissons : trois sur la face principale et deux sur les côtés latéraux. Dans le caisson central se lit l'inscription suivante :

>   EM — JOANNI
>   DE CHEVERUS
>   CARDINALI
>   BURDID. ARCHIEPISCOPO.
>   ———
>   NAT MDCCLXVIII
>   OB. MDCCCXXXVI.

Les autres caissons sont occupés par des anges, en bas-relief peu saillant, qui portent les divers emblèmes du cardinalat. Au centre de cette première partie du monument est un groupe de deux enfants à demi-étendus, dans l'attitude de la tristesse, et adossés à un trophée rappelant les hautes dignités de l'illustre défunt. Et pour déterminer le beau caractère de charité du cardinal, les enfants tiennent à la main cette devise latine : Diligamus nos invicem.

La composition supérieure est beaucoup plus riche d'ornementation ; les moulures sont festonnées de feuilles et d'oves, et le pourtour du sarcophage est décoré de rosaces à feuilles de chêne. Aux deux angles supérieurs sont des têtes d'anges qui déterminent la forme sépulturale du monument et concourent au sentiment allégorique de l'apothéose.

Le tout est couronné de la statue du cardinal, dans des proportions appelées *héroïques*.

Le cardinal de Cheverus, vêtu pontificalement, appuie sa main droite sur l'Évangile, et se relève de son tombeau à la voix de l'Éternel. Ce monument est signé D. Maggesi, 1850. (Date postérieure à l'inauguration du tombeau.)

Lors de la construction de ce mausolée, à 70 centimètres au-dessous du sol actuel, furent trouvés des carreaux émaillés, des pierres tombales attestant l'ancien pavage de la nef. Un banc de pierre régnait le long du mur, et dans l'intervalle des piliers, au centre, se voyait en pénétration la trace d'une petite chapelle semi-circulaire. Les fouilles, continuées plus profondément, amenèrent la découverte de plusieurs tombes en pierre; elles ont été replacées au-dessous du caveau de Mgr de Cheverus [1].

Sainte Anne et la Vierge enfant.

Au troisième pilier, à droite du chœur, se voit un groupe en pierre, de 1^{m}45 de hauteur, dans le style du XVIe siècle, représentant sainte Anne et la Vierge enfant. La petite figure de la Vierge est mesquine, sans caractère vrai; mais celle de sainte Anne plaît par sa physionomie naïve, le sentiment de sa pose, l'agencement de ses draperies. Anciennement, sur le socle était écrit, en lettres gothiques, 𝔖𝔞𝔫𝔱𝔞 𝔄𝔫𝔫𝔞, et les deux statues étaient recouvertes de teintes légères rehaussées de filets d'or.

Ce groupe, charmant de simplicité, devrait obtenir, en raison de son mérite réel, et mieux encore par la pieuse dévotion dont il est l'objet, plus d'intérêt aux yeux des personnes chargées de veiller aux œuvres d'art de cette église; le bras droit est brisé, et l'extrémité d'un de ses pieds présente des traces de mutilations. Primitivement, cette statue était protégée par une balustrade en fer; pourquoi ne pas la rétablir?

---

[1] Ces travaux furent dirigés par M. Mialhe, architecte, qui releva soigneusement les anciennes dispositions de cette partie de la nef, et nous devons à son obligeance la communication du plan de ces fouilles et des notes que nous venons de transcrire.

Sainte Marguerite.

Dans la chapelle placée sous le vocable de sainte Marguerite, derrière le tabernacle, entre les pieds-droits des arcatures, se trouve la statuette de cette vierge et martyre, aujourd'hui recouverte de peintures modernes. Cette statuette, de 1m15 de hauteur, décorait autrefois le trumeau du portail de la chapelle de l'hôpital Saint-André, chapelle bâtie au XVIe siècle par les libéralités du président Boyer (voir le *Rapport de la Commission des monuments historiques de la Gironde*, 1853, p. 55), et qui occupait l'emplacement où se voit aujourd'hui la Caisse d'épargnes. En 1844, après la démolition de l'ancien hôpital et de ses dépendances, la statuette de sainte Marguerite fut déposée à la cathédrale, et plus tard exposée où nous la voyons aujourd'hui. L'ancienne porte de la chapelle décore actuellement l'entrée principale de la petite église Saint-Delphin, au Pont-de-la-May, près Bordeaux.

Anges adorateurs du maître-autel.

Statues en marbre, de grandeur naturelle, placées sur les côtés du grand autel. (Voir pour la provenance de l'autel aux objets mobiliers de cette église.)

M. Dupin, dans sa *Notice historique sur La Réole*, s'exprime ainsi : « L'autel à la romaine étonnait par sa hardiesse
» et l'expression religieuse de ses adorateurs en marbre blanc,
» dont l'exécution avait été confiée à l'un des meilleurs sta-
» tuaires de la capitale du monde chrétien. »

Le livre de M. Dupin, disait une personne aussi honorable que compétente, est un ouvrage cousu de bonne foi.

C'est donc avec une trop grande confiance, et probablement

aveuglé par l'amour-propre provincial, que M. Dupin, d'après un document mensonger ou le jugement d'un amateur peu sérieux, indique les anges adorateurs de l'ancien maître-autel des Bénédictins de La Réole comme étant l'œuvre d'un habile statuaire romain du siècle dernier.

L'examen de ces statues démontre qu'elles ne sont point le travail d'un artiste distingué; elles sont lourdes, molles de forme et d'exécution, maniérées dans leurs poses et dans leurs physionomies, dépourvues de cette facture si mignonnement chiffonnée, de ces expressions si gracieusement mondaines qui caractérisent les sculptures du xviiie siècle. Ces observations se confirment en comparant les anges adorateurs du grand autel de la cathédrale, au groupe si gracieux du maître-autel de l'église Notre-Dame, à Bordeaux.

Saint Pierre et saint Paul.

Ces statues en marbre (H[r] 2 m.), placées aux deux extrémités de la tribune de l'orgue, dans des niches modernes, appartiennent à l'ensemble des restaurations dirigées par M. Combes.

Il est regrettable que ces statues ne réunissent pas à leur valeur matérielle une valeur artistique.

La Vierge tenant l'Enfant-Jésus.

Cette statuette en marbre (H[r] 0[m]65), placée dans la chapelle Notre-Dame du Mont-Carmel, fut donnée à l'église Saint-André, vers 1810, par Mme de Montjon; elle décorait antérieurement l'oratoire du château de Sainte-Eulalie-d'Ambarès.

Cet ouvrage pèche par le style ; la figure de la Vierge manque de noblesse, et les draperies sont lourdes et empaquetées.

La Vierge au Scapulaire.

La Vierge, en costume de jeune femme juive, tient sur son bras gauche l'Enfant-Jésus, et présente le scapulaire aux fidèles. — Statue en marbre (H^r 2 m.), exécutée par M. Maggesi (Dominique).

Cette statue, commandée par le Gouvernement de la République en 1848, sous le ministère de M. Ledru-Rollin, est placée dans la chapelle du Mont-Carmel, au centre du retable (¹).

La Vierge au Scapulaire.

Cette statue de la Vierge, tenant l'Enfant-Jésus (statue en marbre, H^r 1^{m}80), exécutée dans le style du xiiie siècle, par M. Jean Dusseigneur, résidant à Paris, élève de Bosio, de Dupaty et de Cortot, fut commandée par le Gouvernement, et donnée, sous la présidence du général Cavaignac, à la cathédrale Saint-André. Destinée à la décoration de la chapelle du Mont-Carmel, il se trouva qu'à son arrivée à Bor-

---

(¹) Derrière et au bas de ce retable, qui décorait anciennement le maître-autel de l'église Saint-Projet, est une épitaphe gravée sur le mur dont voici la transcription :

Cum Stephano hic pietas, hic jus verumque repostum est :
Tantum parva decus condere terra potest.
Secula quum terquinque ageret sol quina que lustra
Interii januarii mensis in umbilico.

(16 janvier 1525/6).

deaux, une deuxième statue du même sujet et pour la même destination, avait été déjà commandée bien antérieurement à M. Maggesi. Cette dernière décora la chapelle du Mont-Carmel, et celle de M. Dusseigneur, primitivement exposée dans l'ancienne sacristie, est aujourd'hui placée contre la clôture du chœur, parallèlement à la statuette de l'archevêque Pey-Berland.

M. Danjoy, architecte du Gouvernement, chargé de la restauration de la cathédrale, projette d'employer la statue de M. Dusseigneur à la décoration de la porte du sud; elle décorerait le pilier central, pour rappeler la consécration primitive de ce portail.

VITRAUX.

Au milieu du siècle dernier, la cathédrale Saint-André possédait encore d'anciennes verrières; celles du chœur appartenaient au XIVe siècle, et celles de la nef, des roses et des transsepts, ne dataient que du XVe et du XVIe siècle.

Le chroniqueur de Lurbe et l'historien Lopès ne s'expliquent point sur les sujets de ces verrières; ils mentionnent seulement qu'elles étaient dues à la munificence de plusieurs évêques.

« *En 1368, Pierre de Bosco, évêque d'Acqs et chanoine*
» *de Saint-André, florissait en ce temps, ayant plusieurs*
» *biens en ladite église, à laquelle il donna la seigneurie*
» *de Verteuil, en Médoc, et s'y fist bastir ces belles et hautes*
» *voirrières du chœur, esquelles son nom est engravé en plu-*
» *sieurs lieux* ([1]). »

Lopès est plus explicite que de Lurbe : « *Tout autour du*

[1] *Chron. Bord.*, p. 31.

chœur sont les vitraux que fit faire en partie Pierre de Bosco, évêque d'Ax, chanoine de cette église, qui vivait sur la fin du XIVe siècle. On voict son nom, son pourtrait et ses armes dans ses vitraux. Ces vitraux remplissent en haut tout l'intervalle de ces colonnes, et sont de la hauteur de 32 pieds, de 12 et de 6 pieds de largeur, suivant la différente distance de ces colonnes, qui sont moins éloignées entr'elles aux costés et derrière le maître-autel, pour la figure de l'ovalle (¹). »

M. de Lamothe, dans son *Essai historique sur la cathédrale Saint-André* (²), signale ces anciennes verrières comme reproduisant des scènes du Nouveau et de l'Ancien Testament.

Le tremblement de terre qu'éprouva la ville de Bordeaux dans la première partie du xve siècle, et dont l'effet renversa les voûtes de la nef; l'incendie de 1787, puis l'état d'abandon dans lequel la cathédrale fut laissé de 1793 à 1803, expliquent suffisamment la disparition presque complète de toutes ces verrières.

A la réouverture des églises, des carreaux incolores remplacèrent en grande partie les anciens vitraux; aussi, de ces derniers, ne voyons-nous aujourd'hui que quelques rares fragments.

Comme dans le chœur, les croisées de la nef étaient également pourvues de verrières, dues aux libéralités de Mgr Arthur de Montauban, archevêque de Bordeaux, de 1467 à 1478; elles ont totalement disparu.

Dans le transsept, à la rose nord (dont les menaux ont été refaits entièrement en 1847 sous la direction de M. Mialhe, architecte), était représentée la passion du fils de Dieu, don de Mgr Antoine-Prévot de Sansac, archevêque de Bordeaux,

---

(¹) *Hist. de Saint-André*, p. 21.
(²) *Actes de l'Acad. de Bordeaux*, 1842, p 327.

de 1560 à 1591. Cette rose possède encore plusieurs anges tenant les instruments de la passion, et au-dessous la figure de saint André.

La rose méridionale était décorée de l'image de la Vierge, de l'Enfant-Jésus et de fleurs, qui rappelaient encore la consécration de la porte du midi.

Depuis le pontificat de Son Éminence le cardinal Donnet, de nouvelles verrières décorent la cathédrale; elles sont dues (une exceptée), au pinceau de M. Joseph Villiet, né à Ébreuil, près Moulins (Allier), résidant à Bordeaux, membre de l'Académie des Sciences, Belles-Lettres et Arts de cette ville.

Voici l'énumération des verrières modernes et leur explication.

Vitrail du chœur.

Ce vitrail, placé dans l'axe du chœur et peint par M. de Nozan, de Toulouse, fut exécuté en 1842.

A droite, Jésus-Christ bénissant; au-dessous, la mise en croix, et plus bas, Mgr Donnet, donateur du vitrail. A gauche, la Vierge montant au ciel; au-dessous, la Vierge expirant entourée des apôtres, et une figure de femme, personnification de la fabrique, tenant sur ses genoux l'image de la Cathédrale, qu'elle présente à Jésus-Christ. Les grandes figures ont trois mètres de hauteur.

Verrières de la chapelle du Sacré-Cœur.

Ces verrières ont été peintes par M. Joseph Villiet.

Fenêtre centrale : Le Bon-Pasteur, la Sainte-Vierge mère,

et dans l'ogive, le Père Éternel. Signé J. Villiet, 24 décembre 1852.

Fenêtre latérale à gauche : Sujets légendaires :

Histoire de l'Enfant prodigue (cinq médaillons);

Histoire de la Magdeleine (trois médaillons);

La femme à la Drachme (un médaillon);

Jésus laissant quatre-vingt-dix-neuf brebis pour retrouver la centième (un médaillon);

La Cène, dans l'ogive (un médaillon).

Fenêtre latérale à droite : Onze médaillons reproduisant les sujets suivants :

Le reniement de saint Pierre;

Le repentir de saint Pierre;

Jésus chez Marthe et Marie;

Résurrection de Lazare;

La femme adultère;

Le pardon de la femme adultère;

L'aveugle de Jéricho;

La Samaritaine;

La veuve de Naïm;

Résurrection du fils de la veuve;

Saint Pierre recevant les clefs du ciel (dans l'ogive);

Ces deux derniers vitraux sont datés du 22 mai 1858.

Vitrail de la chapelle Sainte-Anne.

Ce vitrail a été peint par M. Joseph Villiet en 1856.

A gauche, saint Joachim; à droite, sainte Anne; au bas de ces principaux personnages, dans des médaillons, Jessé, Isaïe et Ézéchiel, les principaux rois de Judas, ancêtres de Marie. Au sommet de la croisée, médaillon principal représentant la Vierge et l'Enfant-Jésus.

Vitrail de la chapelle Sainte-Marguerite.

Ce vitrail a été peint par M. J. Villiet en 1856.

Personnages principaux : A gauche, sainte Catherine; à droite, sainte Marguerite. Dans les petits médaillons, scènes de la vie des deux saintes, et dans le médaillon principal, le martyre de sainte Marguerite.

Verrières de la chapelle du Mont-Carmel.

Ce travail important a été exécuté en 1857, par M. J. Villiet.

Avant de placer ces nouvelles verrières, les quatre fenêtres rayonnantes ont été reconstruites aux frais de l'État et sous la direction de M. Danjoy, architecte du Gouvernement. Ce travail, exécuté très-soigneusement, ne coûta pas moins de 16,000 fr.

L'histoire de Marie est le sujet de la décoration de cette chapelle.

Première fenêtre. — Grandes figures : Abraham, Isaac et Jacob, trois patriarches, ancêtres de la Sainte-Vierge. Dans des médaillons : 1° L'Arbre de Jessé; 2° Apparition de l'ange à Joachim; 3° Rencontre de saint Joachim et de sainte Anne, près de la porte dorée; 4° Naissance de la Sainte-Vierge; 5° Présentation de la Sainte-Vierge; 6° Mariage de la Sainte-Vierge. Médaillon principal, au sommet de la fenêtre : L'Immaculée-Conception, et au-dessous les prophètes Habacuc et Sophonie.

Les donateurs des panneaux de cette fenêtre sont, en partant de la gauche : la famille Pichon de Longueville; la famille de Pontac; la famille de Grateloup.

Deuxième fenêtre. — Grandes figures : Le patriarche Juda, David et Salomon, le prophète Élie. — Médaillons : 1° L'Annonciation ; 2° la Visitation ; 3° Saint Joseph rassuré par l'ange ; 4° l'Ange apparaissant aux bergers ; 5° l'Adoration des bergers ; 6° l'Adoration des mages ; 7° la Purification de la Sainte-Vierge ; 8° le Vieillard Siméon et la prophétesse Anne. Médaillon principal : La Nativité de Notre-Seigneur. Au-dessous, Aggée et Zacharie, prophètes.

Dans deux autres médaillons : les armoiries du chapitre de Saint-André ; la dédicace des verrières, dans une inscription commémorative.

Les donateurs des panneaux sont : MM. Jules de Pineau ; le comte de La Myre-Mory ; le baron de Ravignan ; le comte Auguste de Noaillan.

Troisième fenêtre. — Grandes figures : Ézéchiel, Isaïe, Jérémie, saint Jean-Baptiste. Médaillons : 1° Le Songe de saint Joseph ; 2° la Fuite en Égypte ; 3° Jésus enseignant les Docteurs ; 4° la Mort de saint Joseph ; 5° les Noces de Cana ; 6° Notre-Seigneur portant sa croix ; 7° la Descente de croix ; 8° Notre-Seigneur au tombeau. Médaillon principal : le Crucifiement de Notre-Seigneur. L'Église, à la droite du Sauveur ; à gauche, la Synagogue ; au-dessous, les prophètes Osée et Amos.

Les médaillons principaux ont été donnés par la ville de Bordeaux [1]. Les armoiries de la cité sont répétées deux fois dans ce vitrail. Les donateurs des autres panneaux sont : M. l'abbé Dudouble, archiprêtre de Saint-André, et quelques-uns de ses paroissiens désignés par cette inscription : *Pastor et Oves ;* M. Maubourguet-Maisonneuve ; M. F. Samazeuilh ; M. J.-J. Pommez.

Quatrième fenêtre. — Grandes figures : Saint Joachim,

---

[1] Voir la délibération municipale du 17 novembre 1856.

sainte Anne, saint Joseph, saint Jean Évangéliste. Médaillons : 1° l'Ascension; 2° la Pentecôte; 3° la Sainte-Vierge à Éphèse; 4° la Mort de la Sainte-Vierge; 5° les Funérailles de la Sainte-Vierge; 6° l'Assomption; 7° le Prophète Élie enlevé au ciel; 8° la Sainte-Vierge donne le scapulaire à saint Simon Stock. Médaillon principal : Le Couronnement de la Sainte-Vierge. Au-dessous, deux prophètes : Daniel et Jonas. Près de l'autel, les armoiries du Cardinal-Archevêque de Bordeaux, donateur des roses principales, et les armes du Saint-Père Pie IX, sous le pontificat duquel les verrières ont été exécutées.

Les quatre panneaux de ces fenêtres sont dus à M. le baron de Brivazac; Mlle Herminie de Bellot; M. Ludovic du Pavillon; M. l'abbé Gignoux, premier vicaire général (1).

Verrières de la chapelle Saint-Joseph.

Ces verrières ont été exécutées par M. J. Villiet en 1860.

Première fenêtre : En commençant vers l'autel, au sommet de l'ogive, les armes de Son Éminence le Cardinal Donnet, donateur du vitrail. Au-dessous apparaissent les bannières des diverses corporations des ouvriers de Bordeaux : les vitriers, les charpentiers, les orfèvres, les forgerons. Puis, toujours en descendant, viennent des médaillons où se voient saint Joseph travaillant; saint Éloy devant sa forge; sainte Geneviève gardant son troupeau et saint Marin sculptant une statue. Au-dessous de ces médaillons sont représentés, dans

---

(1) Cette description est extraite de celle, beaucoup plus complète, qui accompagne la lettre de Mgr le Cardinal-Archevêque à M. Villiet. *(Lettre de Son Éminence le Cardinal-Archevêque de Bordeaux à M. Villiet, sur son dernier travail dans l'église Saint-André.)* Bordeaux, imp. de Justin Dupuy, 1857.

toute leur gloire, les saints qui viennent d'être nommés, et sous leurs pieds, dans des médaillons correspondant à ceux de la partie élevée, les faits évangéliques ou légendaires se rapportant à la vie des saints représentés; ainsi : La fuite en Égypte; saint Éloy ferrant la jambe coupée d'un cheval; saint Germain-d'Auxerre remettant à sainte Geneviève la pièce de monnaie percée; saint Marin travaillant à la construction d'une église.

Deuxième fenêtre : Au sommet de l'ogive, les armes de la ville de Bordeaux. Au-dessous, les bannières des cordonniers, des tisserands, des maçons, des tonneliers de Bordeaux; puis les médaillons représentant saint Crépin travaillant; sainte Gudule tissant de la toile; saint Bénézet construisant un pont; saint Isidore taillant la vigne. Répétition de ces mêmes saints dans les grands panneaux, et, dans les médaillons inférieurs, saint Crépin arrêté par des soldats; sainte Gudule distribuant aux pauvres les vêtements dont elle fabriquait elle-même l'étoffe; saint Bénézet travaillant avec des maçons; saint Isidore labourant. Les outils des différents métiers sont représentés autour des bannières. Ce vitrail est un don de l'édilité bordelaise.

Troisième fenêtre : Armes du chapitre de la primatiale au sommet de l'ogive. Les grandes figures de ce vitrail représentent : Saint Julien, batelier; sainte Zite, domestique; saint Goar-d'Aquitaine, potier; saint Daggée, fondeur de cloches. Dans les médaillons supérieurs, ces mêmes personnages s'occupent à leurs travaux, et dans les médaillons de la partie inférieure, sont peints des sujets empruntés à la légende des saints.

Quatrième fenêtre : Les dispositions de ce vitrail sont semblables aux précédentes, et représentent saint Lazare, peintre; sainte Candide, meunière; saint Honoré, boulanger.

Peintures murales.

La cathédrale de Bordeaux, suivant le témoignage des historiens et d'après quelques rares fragments retrouvés dans diverses parties de l'édifice, était ornée de peintures murales. Les documents qui constatent ces anciennes décorations ne donnent, à vrai dire, que des renseignements peu étendus; il serait alors téméraire de supposer que l'ensemble de la nef et du chœur présentassent des teintes plates, des ornements ou des sujets historiés; comme dans les églises d'Alby, d'Assise ou d'Avignon. Mais il est certain que plusieurs chapelles étaient entièrement recouvertes de peintures.

Les travaux exécutés depuis deux ans dans la chapelle Saint-Joseph ont mis à découvert, à la troisième travée, de grandes figures, d'évêques ou de saints, peintes en détrempe. L'état fruste de ces peintures les rendait inexplicables et s'opposait à toute appréciation artistique.

Dans d'autres parties de l'édifice se retrouvent parfois, sous le badigeon, des indications de coupes de pierre, ayant au centre de légers ornements, et sur la clôture du chœur, où est actuellement la statue de M. Duseigneur, des imitations de mosaïque, nouvellement retouchées.

Lopès nous a conservé le souvenir d'une peinture au moins précieuse par son ancienneté : l'image de l'empereur Charlemagne, qui paraissait encore de son temps sur la muraille au fond de la nef, après la galerie des jurats, par conséquent sur le côté méridional.

Cette image, que le temps avait effacée, avait été repeinte par ordre de Mgr Arthur de Montauban, archevêque de Bordeaux de 1463 à 1478, et les armes de ce prélat étaient apposées au bas de cette peinture. Mais à la restauration ordonnée par Mgr Arthur de Montauban dut succéder un système plus radical, et de retouche en retouche le prétendu portrait de Charlemagne disparut sous le râcloir et sous le badigeon.

Depuis quelques années, la cathédrale Saint-André doit à la haute influence de Son Éminence le Cardinal Donnet d'importants travaux de consolidation et d'embellissements; grâce à la sollicitude incessante de l'éminent prélat, des peintures dans le style du moyen âge s'exécutent actuellement à la chapelle Saint-Joseph. Ces peintures, style du xive siècle, décorent le fonds des arcatures de draperies; donnent aux feuilles des chapiteaux la couleur de la végétation se détachant sur des voûtes étoilées; puis les colonnes rubannées et à chevrons, les nervures et les rosaces dorées complètent cette riche décoration, exécutée par M. Alexandre Denuelle, de Paris.

Les compositions, reproduisant les faits saillants de la vie de saint Joseph, sont dues au pinceau de M. Savinien Petit, né à Tremilly (Haute-Marne), chevalier de l'Ordre de Saint-Grégoire, élève de M. Auguste Hesse [1].

L'artiste s'est inspiré des textes sacrés qui suivent : *Et secessit in Egyptum*. Saint Joseph, portant sur ses épaules le divin Enfant, est ici représenté comme le personnage le plus important de la composition. Cette innovation de M. Savinien, en donnant à saint Joseph le rôle principal, varie la représentation de ce sujet et fait mieux comprendre le vocable de cette chapelle. La Sainte-Vierge, assise sur l'âne traditionnel, paraît heureuse de la faveur qu'elle vient d'accorder à son époux. La scène se passe près d'une ville dont on aperçoit les pylônes.

[1] Les œuvres de M. Savinien Petit ont souvent figuré dans les expositions de Paris; mais nous devons citer encore au nombre de ses travaux les plus importants : les copies des plafonds de Lesueur placées au musée de Cluny, les peintures de la chapelle du château de Broglie (Eure), divers travaux d'archéologie chrétienne, et surtout ses dessins dans l'ouvrage de M. L. Perret : *Catacombes de Rome*. Paris, 1851-1852; Gide et Baudry, 6 vol. grand in-f°.

Et erat subditus illis. Dans cette composition, l'Enfant-Dieu exerce un acte de soumission en présentant un maillet à saint Joseph. La Sainte-Vierge suspend un moment son fuseau pour observer l'obéissance de son fils.

Beati qui in Domino moriuntur. Le panneau central représente la mort de saint Joseph. Suivant la tradition, saint Joseph mourut avant la mission du Christ; mais si le Christ figure ici d'une manière historique et mystique pour le temps futur, c'est qu'il bénit et récompense le juste. L'ange, apportant une couronne du ciel, traduit cette pensée de récompense. La Sainte-Vierge, émue et résignée, espérant tout de son divin Fils, le regarde avec onction ([1]).

TABLEAUX.

La Vierge et l'Enfant-Jésus.

La Vierge, assise, les cheveux longs et flottants, la tête ceinte d'une auréole de douze étoiles, vêtue d'une robe rouge et d'un manteau bleu, soutient sur ses genoux le petit Enfant-Jésus debout, tenant un lys. (H^r 88^c, L^r 60^c, T.) ([2]).

Ce tableau faisait partie, suivant quelques personnes, de la galerie de l'ancien Archevêché ([3]); il décora longtemps la chapelle du Mont-Carmel, et plus tard l'ancienne sacristie.

([1]) A l'heure où nous écrivons ces lignes, le sujet de la peinture qui doit décorer le mur occidental de la chapelle n'est pas encore exécuté. Il aura pour sujet le mariage de saint Joseph, et aux deux extrémités, deux figures isolées, le Joseph antique, gouverneur de l'Égypte, et le roi David.

([2]) Émeric David, dans son *Histoire de la peinture au moyen âge*, 1852, p. 22, donne des notes très-intéressantes sur l'origine de la représentation de la Vierge tenant l'Enfant-Jésus.

([3]) Dans le testament du cardinal F. de Sourdis (1er décembre 1627) se trouve le passage suivant :

« Item donnons aux dits archevesques, nos successeurs, tous les tableaux
» qui sont dans nostre chappelle, galerie et cabinet, en façon néantmoins qu'ils

Vers 1854, ce tableau, jugé digne d'être placé plus convenablement, subit un nettoyage complet; le cadre, si curieux, fut alors restauré, la peinture revernie, et un léger voile remplaça le caleçon ridicule dont le petit Jésus avait été revêtu pour satisfaire quelques susceptibilités; puis on exposa ce tableau dans la nef, à droite, sous l'horloge, où nous le voyons aujourd'hui.

A l'égard de cette œuvre, deux noms illustres sont prononcés dans plusieurs notices : Le Pérugin et Léonard de Vinci. La première de ces attributions est bien osée, cette peinture ne présentant nullement les caractères distinctifs du maître de Raphaël. Si le nom de Léonard de Vinci peut être plus raisonnablement accepté, ce n'est pas dans l'aspect de l'œuvre, qui, du reste, par suite de restaurations successives, a perdu son originalité, que se trouveront les indices de cette illustre provenance ; mais deux biographes de Léonard de Vinci mentionnent un fait qui pourrait se rapporter au tableau de Saint-André.

Félibien, dans ses entretiens sur la vie des peintres, s'exprime ainsi : « Il y a encore de luy (L. de Vinci), dans le » cabinet de M. le marquis de Sourdis, une Vierge tenant un » petit Jésus entre ses bras...... »

Dans la *Notice sur Léonard de Vinci*, qui précède son *Traité de la peinture* (édit. de 1776, p. XLVIII), il est question d'un tableau de la Vierge avec un petit Jésus qu'il fit à Florence vers 1510 ; et plus loin, dans cette même biographie, à l'énumération des œuvres de ce grand peintre, est mentionné un tableau de la Vierge qu'avait eu le marquis de Sourdis.

» ne les puissent jamais oster ni varier, ainsi qu'ils demeurent toujours pour
» la dévotion et ornement de la ville. Chargeons le chappître d'avoir soing de
» leur conservation et entretien, mesmement durant le siége vacant. » (*Archives de la Gironde*, 1860, p. 111.)

Ces citations ne peuvent-elles pas s'appliquer au tableau de Saint-André? Sa provenance (¹), sa composition, son origine, et jusqu'à son cadre qui est évidemment un travail italien du xvi° siècle, tout s'accorde à présenter ce tableau comme pouvant prétendre à son illustre origine.

Comme il vient d'être dit, ce tableau est renfermé dans un cadre très-précieux par son originalité; en voici la composition : Forme rectangulaire (H^r 1^{m}20, L^r 1 m.). La baguette, de 20 c. de largeur, est formée de tubes de verre bleu reliés en faisceaux par des attaches simulant des anneaux ou bracelets. Une suite de cabochons ornent extérieurement cette bordure, enrichie de perles blanches et bleues, et les coins sont rehaussés d'or.

Plusieurs archéologues admettent ce travail comme appartenant à la Renaissance, mais ne citent aucun objet de ce genre qui puisse lui être comparé.

Le Christ portant sa croix.

Le Christ, chargé de sa croix, est conduit brutalement par deux soldats : l'un menace de son poing le divin Sauveur, et l'autre, tenant une corde attachée au col de Jésus, se retourne vers la Vierge, qu'il repousse avec violence. La mère de Jésus, les mains fortement croisées et rapprochées de son visage, fixe ses yeux en pleurs sur son fils bien-aimé. Derrière la Vierge, l'apôtre saint Jean et la Magdeleine.

A l'opposé du tableau, au premier plan, sainte Véronique,

(¹) Ce tableau ne proviendrait pas alors de la galerie du cardinal François de Sourdis, mais de la collection de son frère, Charles d'Escoubleau, marquis de Sourdis, lieutenant général des armées du roi, commandeur de ses ordres, commandant en chef dans la province de Guienne, etc., etc., inhumé dans l'église Saint-Bruno de Bordeaux.

vue de profil, présente le voile qui vient d'essuyer le visage du Christ, et sur lequel, d'après la sainte légende, l'image du Sauveur s'est imprimée.

Dans le fond du tableau apparaissent plusieurs personnages. Toutes les figures, un peu plus fortes que nature, sont à mi-corps.

Sur le bois de la croix, proche le voile de sainte Véronique, se voit, à demi-effacée, la signature suivante : Annibal Carracci, 1593 ou 1598. (H^r 1^{m}20, L^r 2^{m}10, T.)

Ce tableau, qui faisait anciennement partie de la collection du cardinal de Sourdis, était placé vers 1812, sous Mgr d'Aviau, dans le chœur de la primatiale, à l'endroit où se trouve aujourd'hui la porte canoniale ([1]). Le chapitre considérait, avec raison, cette peinture comme une œuvre remarquable; elle fut soumise à l'appréciation de M. Lacour père, alors directeur de l'École de peinture de la ville de Bordeaux, et cet artiste, après un minutieux examen, n'hésita pas à la déclarer l'œuvre d'un habile peintre, malgré les malheureux repeints dont elle avait été victime.

M. Lacour, pressé par ses élèves d'exprimer l'attribution qu'il donnait à ce tableau, ne se prononça que dans ce sens vague : *Ce pourrait être un tableau de l'École des Carraches.....*

Mais trente ans après, cette attribution, exprimée sous une forme douteuse, devint une réalité par l'apposition clandestine d'une signature.

Cette signature apocryphe fut lue par plusieurs personnes; elles sourirent à ce baptême tardif, et conservèrent pour cette peinture ni plus ni moins d'estime.

Les choses restèrent ainsi plusieurs années, lorsqu'au mois

([1]) Ce tableau est également signalé dans une Description historique de Bordeaux, imprimée chez P. Pallandre, en 1785, comme décorant le chœur de la cathédrale Saint-André.

de juillet 1857, parut, dans un journal de Bordeaux, *la Guienne*, la note suivante :

« *Découverte d'un tableau d'Annibal Carrache à Saint-André.*

» Nous venons de voir un magnifique tableau appartenant
» à notre église primatiale, et qui jusqu'ici, par un concours
» de circonstances fâcheuses, était demeuré entièrement
» ignoré (¹). Ce tableau était placé dans la grande nef, à
» gauche en entrant par la place Rohan; les chaises de la
» cathédrale, entassées contre un pilier, empêchaient même
» les visiteurs d'approcher. On croyait au surplus ne rien
» perdre en n'examinant pas cette toile après avoir admiré
» les œuvres de peinture si remarquables que possède notre
» cathédrale; le coloris était pâle et terne, l'expression des
» figures semblait des plus médiocres.

» Il y a peu de temps que M. l'Archiprêtre de Saint-André
» pria un artiste bien connu dans notre ville, l'honorable
» M. Gorin, d'étudier une œuvre dont le mérite était peut-
» être plus grand qu'il ne paraissait l'être au premier abord.
» Le peintre, après un examen attentif, fut persuadé que le
» tableau dédaigné appartenait à un grand maître, peut-être
» même à l'un des Carraches.

» La toile fut bientôt apportée dans l'atelier de M. Gorin,
» et un premier lavage fit découvrir la signature d'Annibal
» Carrache avec le millésime 1598.....

» Le sort de ce tableau paraît avoir été fort singulier. Il a
» appartenu au cardinal de Sourdis, qui fit plusieurs voyages

---

(¹) Nous citerons, comme ayant parfaitement connu ce tableau et sa fausse signature antérieurement à 1857, MM. Lacour fils, J. Delpit, L. Drouyn, de Lamothe, membres de l'Académie de Bordeaux; et parmi les artistes de notre ville, MM. Poitevin, Brun, architectes; de Coeffard, Lagnier, sculpteurs; et Dubourdieu, Colin, Bernède, W. Bouguereau, peintres.

» en Italie (¹), où ce chef-d'œuvre doit sans doute avoir été
» acheté. Deux retouches successives ont dénaturé l'œuvre
» du grand artiste. La première de ces prétendues restaura-
» tions remonte à l'époque même du cardinal de Sourdis,
» puisque les armes du prélat ont été peintes sur un coin du
» tableau (²). La seconde, qui accuse un goût encore plus
» dépravé, semble être postérieure de quelques années.

» Le nettoyage scrupuleux auquel se livre M. Gorin met
» chaque jour en relief des parties saillantes indignement
» couvertes par de mauvaises peintures.....

» L'œuvre de restauration, nous allions dire de résurrec-
» tion, sera bientôt terminée; alors les amateurs de peinture
» pourront juger, nous l'espérons, que la signature n'est
» point mensongère, et que le tableau, comme semble si bien
» l'annoncer la largeur de la touche, l'énergie du coloris,
» l'expression sublime des figures, appartient réellement au
» plus célèbre artiste de l'école bolonaise.

» Si de nouveaux détails nous parviennent, nous nous
» empresserons de les communiquer à nos lecteurs.

» A. PEPIN-D'ESCURAC. »

M. d'Escurac, malgré sa confiance dans l'origine du tableau, en annonçant la prétendue découverte d'une toile d'Annibal Carrache, s'exprimait avec une certaine circonspection sur l'authenticité de la signature. Ne pourrait-on pas être plus affirmatif en déclarant que les noms inscrits sur ce tableau sont une contrefaçon maladroite, qui n'aurait sa raison d'être

---

(¹) Le cardinal de Sourdis, né en 1575, cardinal en 1598, archevêque de Bordeaux en 1600, fit un premier voyage à Rome en 1594, et un second vers 1622.

(²) Que les armes du cardinal aient été apposées à cette époque, cela se comprend; mais que le tableau ait subi une restauration, alors qu'il sortait des mains de l'artiste, ce fait est plus difficile à croire.

que dans la boutique d'un brocanteur? Les observations suivantes vont appuyer cette opinion.

Il faut d'abord mettre hors de toute discussion le mérite du tableau. Cette œuvre d'art est, à Bordeaux, depuis un demi-siècle, reconnue d'une valeur réelle; mais il est fort douteux que cette toile soit d'Annibal Carrache; et quant à la signature, elle est évidemment fausse.

Pour démontrer la fausseté de cet autographe, deux sortes de preuves doivent être produites : les preuves théoriques, les preuves matérielles.

Les preuves théoriques ne peuvent être comprises et acceptées que par les personnes qui ont bien observé les divers caractères des grandes écoles de la peinture. Pour des experts sérieux, la signature n'est rien si le premier aspect d'une peinture ne vous signale pas le nom du peintre, surtout lorsqu'il s'agit de ces grands noms d'une originalité si franche. Rubens, Raphaël, Paul Véronèse, Annibal Carrache sont de ce nombre. Les œuvres de ces maîtres vous saisissent à première vue et vous laissent rarement dans l'incertitude. M. d'Escurac avait bien saisi ce point important, puisqu'il signale : l'expression des figures, la largeur de la touche, l'énergie du coloris, comme confirmation du nom de l'artiste. Mais si le caractère du portement de croix, exprimé d'une manière si générale, ne rappelait pas intimement les œuvres authentiques d'Annibal Carrache, M. d'Escurac maintiendrait-il la signature?

Eh bien! nous en appelons aux experts émérites, aux artistes qui ont étudié les écoles d'Italie : le tableau de Saint-André porte-t-il les traits caractéristiques des peintures de l'illustre artiste bolonais? Les vingt tableaux du Louvre, d'Annibal Carrache; ceux de Naples, Florence, Rome; les peintures de la galerie Farnèse, ont-elles quelques similitudes avec le portement de croix? Annibal Carrache eut deux manières bien distinctes : la première, qu'il tient des maîtres lombards et vénitiens ; la deuxième, des grands maîtres de l'école romaine.

A cette dernière manière appartiendrait le tableau de Saint-André en acceptant la date qu'il porte ; car c'est à partir de 1592 qu'Annibal Carrache « *résolut d'abandonner le style* » *trop facile qu'il avait suivi jusqu'alors, pour en adopter* » *un plus grand et plus châtié* (¹). » Or, il est aisé, par des rapprochements, d'étudier la différence qui existe entre le portement de croix et les œuvres si connues d'Annibal Carrache ; et même, en l'absence de tableau d'une origine incontestable, les gravures, d'après la grande galerie Farnèse, doivent suffire pour combattre l'attribution donnée au tableau de la primatiale.

En acceptant le millésime de 1598, cette date nous reporte au séjour à Rome d'Annibal Carrache, alors qu'il exécutait les peintures du palais Farnèse, qu'il termina vers 1600, après huit ans de travail. La décoration de la galerie Farnèse est le plus important des ouvrages de ce grand peintre. Cette salle a 20 m. de longueur sur 6 m. de largeur, et le plafond, dans son entier, est recouvert de peintures. Cet ouvrage appartient à la deuxième manière du Carrache, qui avait abandonné la beauté du coloris pour suivre la grandeur du dessin. Ce même caractère devrait se retrouver dans ses tableaux de chevalet, et cependant le portement de croix n'a point d'analogie avec les peintures de la galerie Farnèse.

Ces développements seraient plus que suffisants pour des personnes habituées à l'étude des maîtres ; mais pour des esprits prévenus ou peu érudits dans les questions d'art, il est urgent de signaler des preuves matérielles, et qui ne seront pas moins concluantes.

1° Le portement de croix, lorsqu'il fut soumis à l'appré-

(¹) F. Villot, *Catalogue du musée du Louvre*, école d'Italie, 1855, p. 78.

ciation de M. Lacour père, vers 1812, ne portait pas de signature; ce fait est confirmé par quelques anciens élèves de ce maître.

2° M. de Lamothe, dans son *Essai historique et archéologique sur l'église Saint-André* (*Actes de l'Académie de Bordeaux*, 1842-43), en signalant les principaux tableaux de cette église, provenant de la collection du cardinal de Sourdis, s'exprime en ces termes : « Le *Christ portant sa croix*, attribué à Augustin Carrache ou à Louis Pasquil, peintre espagnol. » Comment accepter que M. de Lamothe ait indiqué ce tableau sous une forme douteuse, s'il portait le nom du peintre en toutes lettres?

3° Vers 1845, les principaux tableaux de Saint-André furent revernis par M. Dubourdieu, ancien élève de M. Lacour père, aujourd'hui professeur adjoint à l'École municipale de dessin de la ville de Bordeaux.

Cet honorable peintre certifie que le *Portement de croix* n'avait alors ni monogramme ni signature. Mais quelque temps après, quel ne fut pas l'étonnement de plusieurs personnes, et particulièrement de M. Dubourdieu, de lire aisément, à quelques pas du tableau, dans la partie la plus apparente de la toile, sur le bois de la croix : ANNIBAL *(sic)* CARRACCI, *1593!* Constatons tout d'abord que cette signature ne rappelle pas celle qui est apposée sur quelques toiles authentiques d'Annibal Carrache, et ces toiles signées sont extrêmement rares. La plus grande partie des tableaux de ce maître, exposés au Musée de Naples et de Florence, ne portent point le nom de leur auteur; sur vingt tableaux de ce grand peintre qui se trouvent au Louvre, deux seulement sont ainsi signés : ANNIBAL CARACTIVS P. M.D.XCII; N° 138 (*Apparition de la Sainte-Vierge à saint Luc*), et le n° 142 (*la Résurrection de Jésus-Christ*), ANNIBAL CARRATIVS PINGEBAT, M.D.XCIII. La signature du n° 135 est reconnue fausse par l'administration du Louvre. Enfin n'est-il pas surprenant que le Carrache n'ait pas su mettre l'orthographe de son nom et pouvait-il écrire en italien *Annibale,* en omettant la voyelle finale ?

De tout ce qui précède, il résulte que le *Portement de croix* n'était point inconnu des artistes et des amateurs bordelais antérieurement à 1857 ; ce tableau et sa signature n'ont point été découverts à cette époque, seulement quelques faits qui viennent d'être rapportés furent livrés à la publicité sans avoir été soumis à une critique sérieuse [1].

La négation de la signature ne nuit en rien à la première opinion émise par M. Lacour père, et à laquelle, jusqu'à preuve bien évidente, on peut s'en tenir ; car l'école des Carraches eut une telle influence, ses élèves furent si nombreux, que le tableau de Saint-André pourrait bien avoir cette origine.

En terminant, il est équitable de louer l'administration de la paroisse Saint-André pour les soins avec lesquels ce tableau est actuellement conservé ; il est d'abord plus heureusement placé et bien éclairé par un jour du nord, puis un rideau le garantit de la poussière. Ce tableau ne réclame plus qu'un rentoilage intelligemment fait ; mais des restaurations ! ah ! de grâce, il en a subi déjà beaucoup trop !

Le martyr de saint Pierre, apôtre.

Ancienne copie du tableau original de Guido Reni, qui se trouve au musée du Vatican.

Trois bourreaux s'apprêtent à clouer saint Pierre sur une croix renversée ; l'un des bourreaux s'efforce de le hisser à l'aide d'une corde ; un second soulève le corps, et le troisième en-

---

[1] L'article de M. Pepin d'Escurac fut reproduit par les journaux de Paris et de l'étranger.

fonce un clou dans les pieds du saint Apôtre. La tête et le corps du martyr sont vivement éclairés. (H^r 3 m., L^r 1^{m}70, T.) Une autre copie de ce tableau, par le baron Favre, de Montpellier, copiée à Rome pour le roi Louis XVI, se voit au musée de Lyon.

Guido Reni, dit le *Guide*, naquit à Bologne en 1575, et mourut dans la même ville en 1642. Il eut d'abord une manière forte, un coloris fier, et éclairait ses tableaux à la manière de Michel-Ange de Caravage. Le *Martyre de saint Pierre* appartient à cette première époque. « Le Guide fit ce
» tableau pour le cardinal Borghèse. Il obtint ce travail par
» l'influence de Joseph Pin, qui avait assuré le cardinal que
» son protégé ferait cette composition dans le style du Cara-
» vage. Ce dernier peintre jouissait alors à Rome d'une grande
» vogue (¹). »

Mais bientôt Guido Reni abandonna ce genre pour prendre une manière plus claire, plus gracieuse, avec laquelle il exécuta ses plus beaux ouvrages. Tous les artistes et amateurs connaissent, au moins par la gravure de Raphaël Morghen, son œuvre capitale, le plafond du palais Rospigliosi, à Rome, représentant l'Aurore.

La Résurrection de Notre-Seigneur Jésus-Christ.

Ce tableau est d'Alexandre Véronèse (Allessandro Turchi), né à Vérone en 1582, mort en 1648 (²).

Sur un fond de rochers, où se voit l'entrée du sépulcre, le Christ, se dépouillant de son linceul, s'élève dans les cieux. Un ange, assis sur la pierre sépulcrale, attend l'arrivée des saintes femmes, qui apparaissent au loin; au premier plan du

---

(¹) Félibien, Vasari, C. Blanc.
(²) Félibien, Villot, *Musée du Louvre, Écoles d'Italie*, 1855, p. 244.

tableau, deux gardes effrayés s'enfuient et les deux autres sont étendus sur le sol. (H^r 3^{m}15, L^r 1^{m}95, T.)

Ce tableau, bien conservé, est incontestablement l'un des plus remarquables des églises de Bordeaux; il réunit les qualités qu'il serait désirable de retrouver dans toutes les peintures de sujets religieux. Le caractère des personnages est bien exprimé, les figures habilement peintes; les gardes, surtout celui qui est renversé, sont dessinés avec une grande correction, une habileté des raccourcis bien entendue; l'ange est d'un sentiment raphaëlesque, et le Christ plein de noblesse et de mouvement.

A droite, dans l'angle inférieur du tableau, se trouvent, peintes en grisaille, les armes du cardinal de Sourdis; puis vers le centre de la toile est l'inscription suivante : ALEXANDER. D. TVRCIS, — VIRONENSIS MDCXV? — La date est peut-être en partie cachée par le cadre.

Le Christ en croix.

Tableau de Jacques Jordaëns, né à Anvers le 20 mai 1593, mort dans la même ville le 18 octobre 1678 ([1]).

Au centre de la composition, le Christ en croix, les bras levés suivant l'idée janséniste; à ses côtés, sur deux croix moins élevées, les deux larrons. Un bourreau attache violemment les jambes du larron placé à la gauche du Christ. Aux pieds du Sauveur, la Magdeleine à genoux enveloppée d'un riche manteau; elle étreint fortement la croix et verse d'abondantes larmes. Derrière la Magdeleine, plus au premier

---

([1]) Sandrart, Descamps, *Vie des peintres Flamands*, 1754; Génard, *Notice sur Jordaëns*, Gand, 1852; *Catalogue du Musée d'Anvers*, 2e édit., 1857; *Notes sur Jordaëns dans la vie de Rubens*, par M. Van-Grimbergen, édit. flamande; Michiels, *Rubens et l'École d'Anvers*, Paris, 1854.

plan, un bourreau, vu de profil, présente à boire à Jésus à l'aide d'une éponge fixée à l'extrémité d'une perche. A l'opposé du tableau, la Vierge debout, les bras tombants, les mains croisées, lève vers le ciel ses yeux en pleurs. Saint Jean, vêtu d'un manteau rouge, arrête douloureusement sa vue sur le Christ expirant. Au second plan, un cavalier, monté sur un cheval blanc, préside au supplice. (H^r 4^{m}34, L^r 3^{m}33, T.)

Ce tableau, donné par le Gouvernement au Musée de Bordeaux, vers 1803, avait été pris par les armées françaises lors de la conquête des Pays-Bas, en 1794, à Lierre, province d'Anvers, dans l'église Saint-Gomer, dont il ornait le maître-autel [1].

Dans le *Catalogue du Musée de la ville,* par MM. Lacour et J. Delpit, à propos des envois du Gouvernement pour la création des musées départementaux, se trouvent les lignes suivantes : « *Le Christ en croix* par Jordaëns avait été retiré » par ordre. Pourquoi ce tableau avait-il été retiré? Nous » n'en avons trouvé aucune trace; nous savons seulement » que de nouvelles et actives démarches du préfet parvinrent » à faire restituer ce chef-d'œuvre à la ville et qu'il était » compris dans le second envoi qui arriva à Bordeaux, en » l'an XII [2]. » Ce tableau, très-beau, mais dont la grandeur ne convenait point au Musée, fut échangé, dans le mois de novembre 1819, pour une toile d'André del Sarto *(la Vierge et l'Enfant-Jésus écoutant saint Jean qui leur est présenté par sainte Élisabeth),* tableau donné par le Gouvernement, en 1819, à la primatiale de Bordeaux [3].

Les amis des arts et le clergé doivent vivement regretter que l'exiguïté des salles du Musée, alors rue Saint-Dominique,

---

[1] Descamps cite ce tableau dans la liste des principaux ouvrages de Jordaëns.

[2] *Catal. du Musée de Bordeaux,* 1855, Introd., p. 16.

[3] Les auteurs du *Catalogue du Musée de Bordeaux* citent ce dernier tableau comme un original; mais quelques critiques ne partagent pas cette opinion.

hôtel de l'Académie, ait motivé cet échange. Cette substitution a privé la galerie municipale d'un chef-d'œuvre, pour décorer la cathédrale d'un tableau d'une orthodoxie très-contestable.

Le Christ en croix, bien qu'il ait été peint pour une église, est une crucifixion janséniste exécutée par un artiste protestant. M. Michiels place l'abjuration du peintre Jordaëns de 1629 à 1630. Le tableau dont il est ici question appartient donc à la plus belle manière de la vie du peintre, alors qu'il était dans toute la fougue et l'énergie de son talent. C'est probablement en raison de ce talent si remarquable que le clergé, malgré ses opinions nouvelles, ne crut pas devoir repousser ses œuvres pour l'ornementation des églises d'Anvers; mais, à part cette tolérance intelligente, et à l'exception des artistes et des vrais connaisseurs en peinture, il est permis de douter du succès du Christ en croix de l'église Saint-André, aux yeux des fidèles. Cette peinture, comme celles des sujets religieux du même peintre exposées au Musée d'Anvers, ne porte pas au recueillement.

« Si le diplomate, l'homme du monde, peuvent toujours
» déguiser leurs sentiments, dit M. Michiels, les poètes, les
» artistes n'ont pas le même privilége. C'est avec leur pensée,
» avec leur cœur, avec leur imagination qu'ils travaillent, et
» leurs croyances, leurs dispositions morales se manifestent
» dans leurs ouvrages, en dépit de leur volonté. Aussi les
» toiles pieuses de Jordaëns forment-elles deux catégories :
» les unes contiennent de mystérieux dédains, les autres
» manquent d'inspiration ou de gravité (¹). »

En effet, comment reconnaître ce grand et sublime drame du supplice de Jésus dans le crucifiement de ces trois personnages d'un type également trivial? Comment retrouver dans

---

(¹) *Rubens et l'École d'Anvers,* Paris, Delahays, 1854, p. 251.

ce tableau l'admirable figure de Jésus-Christ, la Vierge, les saintes Femmes, le disciple bien-aimé, au milieu de tous ces modèles pris dans les tavernes des faubourgs d'Anvers?

Jordaëns était bien mieux dans la nature de son génie lorsqu'il peignait de sa brosse fougueuse des bacchantes ou le *Roi de la Fève,* cette scène de grosse joie flamande admirée au Musée du Louvre; mais si la *Crucifixion* de Jordaëns est dépourvue de sentiments religieux, ce tableau n'en est pas moins un chef-d'œuvre de couleur et d'exécution; sa véritable place est dans une galerie pour l'étude de la peinture et comme l'une des pages les plus brillantes de l'école anversoise.

Espérons qu'un second échange remettra la municipalité en possession de cette belle toile; elle serait incontestablement l'une des plus remarquables et des plus précieuses du Musée de la ville de Bordeaux.

Le Christ devant Pilate.

Le Christ debout, les mains liées, vêtu d'une tunique blanche, paraît devant Pilate. Le gouverneur assis, le coude appuyé sur une table, interroge le Christ : « Êtes-vous, dit-il, » le roi des Juifs? — Vous le dites, répondit Jésus. » *(Évangile selon S. Mathieu, chap. 26).* Sur la table est un livre ouvert et un flambeau dont la lumière projette sur les personnages une lueur chaude et douteuse, et donne à la composition un aspect mystérieux et large d'effet. Derrière Pilate, deux personnages debout écoutent l'interrogatoire, et du côté du Christ, dans le fond du tableau, apparaissent quelques soldats. (H^r 2^{m}60, L^r 1^{m}82, T.)

Ce tableau est attribué à Gérard Hontorst, né à Utrecht en 1592, mort à La Haye vers 1662. C'est à Rome que Gérard Hontorst s'appliqua particulièrement aux effets de lumière, à des scènes de nuit, ce qui lui fit donner le surnom de Gherardo delle Notti (¹).

Le tableau du *Christ devant Pilate,* que quelques personnes regardent comme un original, faisait partie de la galerie de l'ancien archevêché. Gérard Hontorst, dit Descamps, dans sa *Vie des Peintres* travailla longtemps à Rome pour plusieurs cardinaux. Le cardinal de Sourdis, visitant cette ville à l'époque des succès du *Peintre des Nuits,* n'y a-t-il pas lieu de penser que Monseigneur de Bordeaux, ayant vu le tableau original du *Christ devant Pilate,* peint pour le prince Giustiniani, exprima le désir d'en avoir une reproduction? Reste à savoir la part plus ou moins active que Gérard Hontorst a prise à cette copie.

Il existe plusieurs répétitions du chef-d'œuvre d'Hontorst, le *Christ devant Pilate,* aujourd'hui à Londres dans la galerie Sutherland. M. C. Blanc cite le Musée de Rouen, celui de Vienne (Autriche), comme possédant des copies du tableau original. Cette composition de Gérard Hontorst a été reproduite par la gravure.

La Vierge et l'enfant Jésus.

Copie d'un tableau du Guide ou de Jiovanni-Battista Salvi, né à Sassoferrato en 1605, mort à Rome en 1685 (École romaine).

La Vierge, les mains jointes, regarde l'enfant Jésus profondément endormi. Les ombres du visage de la Vierge sont indiquées sèchement; l'enfant est bien modelé; malheureusement les demi-teintes ont poussé au vert et donnent un aspect cadavérique au corps du petit Jésus. (H^r 0^{m}60, L^r 0^{m}80, forme ovale, T.)

(¹) Sandrart, Ticozzi, Félibien, Descamps, de Piles, C. Blanc.

Il existe à l'Académie de Vienne (Autriche) un tableau du Guide dont l'analogie est frappante avec celui de Saint-André; malgré quelques changements, notamment dans la pose de l'enfant Jésus. Il est évident qu'il y a reproduction, plagiat de l'œuvre du Guide (¹); quelques amateurs regardent le tableau de la cathédrale comme copie d'une œuvre de Sasso-Ferrato. Il est certain que Salvi da Sasso-Ferrato forma sa manière : « En copiant un grand nombre d'ouvrages de l'Albane, du » *Guide*, du Barroche et surtout de Raphaël (²). »

Saint Pierre délivré de prison.

Saint Pierre, conduit par un ange, descend les marches de sa prison; à la porte, se trouvent des gardes, plongés dans un sommeil profond. Pierre, les yeux tournés vers une lumière divine, remercie le Seigneur. (H^r 2^{m}30, L^r 2^m, T.)

F. Beaucourt, peintre bordelais du XVIIIe siècle copia ce tableau d'après Simon Vouet, né à Paris en 1582, mort dans la même ville en 1644 (³). Le tableau original a été gravé par Dorigny en 1638.

Reniement de saint Pierre.

Pierre, debout devant une cheminée et se chauffant, est entouré des serviteurs du grand prêtre et des gens qui avaient pris Jésus. Une servante, s'adressant à Pierre, lui dit : « N'êtes-vous pas aussi des disciples de Jésus? — Je n'en suis point,

---

(¹) Voir le IVe vol. de la *Galerie des Arts et de l'Histoire*, par Réveil. Paris, Hivert, 1836.

(²) *Catalogue du Musée du Louvre, Écoles d'Italie*, par Villiot, 1855, p. 211.

(³) Félibien, *les Hommes illustres du XVIIe siècle*, par Perrault ; d'Argenville, *Vie des Peintres*, 1762.

répondit Pierre. » *(Évangile selon S. Jean, chap. 18.)*

Ce tableau (même dimension que le précédent), signé F. Beaucourt, 1780, ornait, ainsi que celui de saint Pierre, avant 1793, l'ancienne église des bénédictins, de La Réole. Ces deux tableaux se trouvent aujourd'hui dans la salle du cathéchisme, sous les cloîtres. Beaucourt habitait Bordeaux. Ce peintre atteste par son faire un pinceau plus habitué à la décoration qu'aux œuvres de chevalet; en reproduisant les ouvrages peu serrés de Simon Vouet, il ne s'écartait pas de son sentiment personnel. En 1779, Beaucourt termina les peintures murales de l'église Saint-Pierre à La Réole (¹).

La Cène.

« Or, pendant qu'ils soupaient, Jésus prit du pain, et
» l'ayant béni, il le rompit et le donna à ses disciples, en di-
» sant : Prenez et mangez, ceci est mon corps. » *(Évangile selon Saint Mathieu, chap. 26.)* Figures plus grandes que nature).

Ce tableau, don du roi Louis XVIII (attribué à Claude-Guy Hallé, né à Paris en 1651, mort dans la même ville en 1736), est magistralement traité; l'habileté dans les dispositions des masses d'ombre et de lumière fait de cette toile une œuvre d'art très-recommandable. (H^r 3^{m}30, L^r 3^{m}30.)

Le Sacré-Cœur de Jésus.

Le Christ debout, au milieu d'une gloire, montre son cœur entouré de rayons lumineux. Aux pieds du Christ, deux

---

(¹) M. Dupin, *Notice hist. sur La Réole*, p. 85.

anges, l'un dans une attitude d'adoration, l'autre élevant un ostensoir. (H^r 2^m, L^r 1^{m}40 [forme trilobée], T.)

Ce tableau, composé par feu Jean Sarrail, élève de M. Lacour fils, et placé dans la chapelle du Sacré-Cœur, fut commandé par le chapitre de l'église primatiale. Le jeune Sarrail mourut avant de l'avoir terminé. M. Durand, ancien élève de l'école, acheva ce tableau dans quelques parties seulement et d'après l'esquisse originale.

Jean Sarrail naquit à Bordeaux au mois de juillet 1795; il fit ses études artistiques sous la direction de M. Lacour fils. Après avoir obtenu le premier prix de peinture historique en 1816, il obtint l'année suivante le premier prix de paysage.

Ces succès le mettant hors de tout concours, il voulut marquer ses progrès par un tableau dont il prit le sujet dans le poëme des martyrs de Châteaubriant : « *Démodocus ensei-* » *gnant à jouer de la lyre à sa fille Cymodocée.* » La ville de Bordeaux donna pour ce dernier tableau une médaille d'or à Jean Sarrail ([1]).

Ce jeune peintre, qui promettait d'être compté au nombre des élèves distingués formés à l'école de M. Lacour fils, mourut prématurément à Bordeaux, en avril 1819.

Le Couronnement d'épines.

Le Christ assis, les bras liés, tenant un roseau, est entouré de soldats, qui, à l'aide de tenailles, lui fixent une couronne d'épines sur la tête; l'un d'eux se prosterne ironiquement devant le Christ, en le saluant roi des Juifs. (H^r 3^m, L^r 2^m, T.) Ce tableau est signé N.-P. Bergeret, 1820.

En 1816, M. de Tournon, préfet de la Gironde, fit part au

([1]) Voir l'appréciation de ce tableau dans le *Bulletin polymatique*, 1818, p. 349.

ministre de l'intérieur, M. le comte de Vaublanc, du dénuement de la plupart des églises de Bordeaux. Le ministre chargea M. Bergeret d'exécuter ce tableau pour la cathédrale.

M. Bergeret (Pierre-Nolasque), né à Bordeaux en 1782 ([1]), fut d'abord élève de M. Lacour père. Vers 1800, il partit pour Paris, où il entra dans l'atelier de Vincent et plus tard dans celui de Louis David. Au salon de 1806, M. Bergeret eut un véritable succès pour l'un de ses tableaux, dont le sujet était : *Honneurs funèbres rendus à Raphaël*. Ce tableau, placé primitivement au château de la Malmaison, passa à Munich, puis fut vendu, après la mort du prince Eugène, à un amateur belge. Cette composition de M. Bergeret a été gravée à l'eau-forte par Pauquet père et retouchée au burin par Sixdeniers.

M. Bergeret est également l'auteur des dessins qui ont servi pour les bas-reliefs de la colonne Vendôme à Paris, et à Bordeaux se trouvent aussi trois de ses tableaux : Au Musée, *l'Empereur Charles-Quint, ramassant le pinceau de Titien*, et le *portrait en pied du roi Louis Philippe;* et dans l'église Notre-Dame, un *Saint-Louis*.

Saint Hilaire, évêque de Poitiers, écrivant contre l'arianisme.

Ce tableau, commandé par le ministre de l'intérieur à Langlois (Jérôme-Marie), fut exposé à Paris, au salon de 1822, et quelque temps après donné par le Gouvernement, sur la demande de la duchesse d'Angoulême, à la cathédrale Saint-André. (H^r 2^{m}15, L^r 1^{m}50, T.)

Le saint évêque, assis sur un rocher, tient à la main gauche une tablette, sur laquelle se déroule un phylactère; sa main droite tient une plume; saint Hilaire, la tête levée vers

[1] Notice sur ce peintre dans le *Catalogue du Musée de Bordeaux*, 1855, p. 52.

le ciel, invoque l'inspiration divine. L'hérésie, personnifiée par un dragon lançant des flammes, est écrasée par le pied du saint prélat. Au fond du tableau, la mer, et dans le ciel sombre apparaît une gloire. Signé deux fois J.-M. Langlois, 1823.

Ce tableau, dit M. de Lamothe, fut exécuté d'après les idées données par Mgr D'Aviau.

Jérôme-Marie Langlois (1) naquit à Paris en 1779; il entra dans l'atelier de David et remporta en 1805 le deuxième prix à l'école de peinture, puis en 1809 le premier grand prix. (Cette même année, Vincent-Louis Pallière, de Bordeaux, eut le deuxième prix.) A son retour de Rome, Langlois exécuta pour le Gouvernement plusieurs travaux et aida son maître David dans quelques-uns de ses ouvrages ; dès 1808, il avait travaillé au tableau du *sacre de Napoléon Ier*. Le 7 avril 1838, Langlois fut nommé membre de l'Institut, en remplacement de Thévenin; il mourut la même année à Paris, le 8 décembre 1838. Le musée du Louvre possède de ce peintre deux tableaux.

Le Martyre de saint Sébastien.

Des soldats dépouillent saint Sébastien de ses vêtements et l'attachent à un arbre; d'autres s'apprêtent à le percer de flèches. (H^r 3^m60, L^r 2^m50, T.)

Ce tableau, donné par le Gouvernement à l'église Saint-André, vers 1830, est signé Souchon.

M. Souchon (François), né à Alais (département du Gard), en 1786; élève de Louis-David, est devenu directeur de l'académie de peinture de Lille. Quelques tableaux de ce peintre

---

(1) *Notice historique sur la vie et les ouvrages de M. Langlois,* par M. R. Rochette, secrétaire perpétuel de l'Académie des Beaux-Arts (Institut de France), lue en séance publique le 2 octobre 1847.

se trouvent inscrits dans les catalogues des expositions de Paris, 1827 et 1833.

M. l'abbé Pascal, dans son ouvrage : *Institution de l'Art chrétien*, t. II, p. 10 (¹), reproche aux artistes de représenter saint Sébastien sous des formes trop juvéniles ; cet écrivain s'exprime ainsi : « Une mosaïque placée dans l'église de Sainte-
» Eudoxie, à Rome, donne à ce saint une taille au-dessus de
» la moyenne, une physionomie de vieillard et une longue
» barbe. Les peintres, les sculpteurs ont donc un très-grand
» tort en faisant de ce martyr un jeune homme qui ressem-
» ble beaucoup mieux à un Adonis qu'à un généreux confes-
» seur de la foi. L'auteur de l'*Essai sur l'Éducation de la*
» *Noblesse* (Paris, 1749), dit que « l'on fut obligé d'ôter de
» l'église Saint-Marc de Florence un tableau de saint Sébastien,
» parce que les religieux reconnurent qu'il y avait quelques
» femmes que la beauté de cette image avait touchée d'une
» autre passion que celle qu'un martyr doit inspirer. » Ce ta-
» bleau était du dominicain Bartolomeo, mort à Florence en
» 1517. Raphaël, dans un petit tableau sur bois, n'a pu ou
» n'a pas voulu se garantir d'un abus semblable. Le corps du
» saint martyr est rayonnant de tous les charmes de la jeu-
» nesse. » (Voir le chap. IV, Ire partie.)

Le Couronnement d'épines.

« Le Christ, un roseau à la main, dépouillé de ses vête-
» ments et couvert d'un manteau écarlate qu'on lui a mis

(¹) Les observations de M. l'abbé Pascal, malgré les quelques critiques de détails dont il a été l'objet, présentent, dans leur ensemble, des remarques fort intéressantes et fort utiles pour les artistes ; elles peuvent servir à la rectification d'anachronismes et de types consacrés par l'usage, mais que l'histoire et la raison réprouvent.

» par dérision, est assis sur les degrés du prétoire. Un soldat,
» placé sur le devant à droite, et vu de dos, lui tient les mains
» liées; d'autres soldats lui crachent au visage, le frappent
» de leurs roseaux, et lui font entrer de force sur la tête une
» couronne d'épines. Le prétoire est d'une architecture rusti-
» que à bossages, et au-dessus de la porte de la prison on
» voit le buste de Tibère avec cette inscription : TIBERIUS CÆ-
» ZAR, placée là par le peintre pour indiquer que c'est sous le
» règne et par l'ordre de cet empereur que Jésus-Christ a été
» crucifié. On lit au bas d'une marche : TITIANVS F. (¹). »
(H^r 3^{m}03, L^r 1^{m}80, T. — Figure de grandeur naturelle.)

Copie du tableau original de Titien, faisant partie de la galerie du Louvre. Cette copie, quoique signée Mesener, porte également sur l'une des marches la signature de Titien. Cette scrupuleuse exactitude eût été plus heureuse dans la reproduction des qualités essentielles de l'œuvre originale.

Tiziano-Vecellio naquit à Piève, près Cadore en Frioul, en 1477, et mourut de la peste à Venise en 1576 (²).

Le couronnement d'épines fut peint vers 1553; plusieurs graveurs l'ont reproduit. Tintoret en possédait une esquisse.

Le Baptême de Jésus-Christ.

Sous un groupe d'arbres, Jésus-Christ reçoit le baptême des mains de saint Jean-Baptiste; trois anges agenouillés assistent à cette scène. Au-dessus de la tête du Christ apparaît le Saint-Esprit, sous l'emblême d'une colombe, dans un nimbe rayonnant. (H^r 1^{m}80, L^r 1^{m}25, T.)

Copie moderne d'après Caliari (Paolo), dit Paul Véronèse,

(¹) *Catalogue du Musée du Louvre*, 1855, p. 265.
(²) Vasari, C. Blanc.

né à Vérone en 1528, mort le 19 avril 1588 (¹). Cette copie a été donnée à la cathédrale en 1854 par l'empereur Napoléon III. La gravure du tableau original, par F. Rosaspina, se trouve à la bibliothèque impériale, cabinet des Estampes, à Paris, dans la collection des œuvres gravées de Paul Véronèse.

Saint Charles-Borromée, archevêque de Milan.

Le saint archevêque, pieds nus, la corde au cou, se prosterne devant un crucifix, implorant la clémence divine pour la ville de Milan, affligée d'une terrible peste. (H^r 3^{m}50, L^r 2 m., T.)

Ce tableau, peu remarquable, placé à l'autel de la chapelle Saint-Charles, a été peint d'après la gravure d'Edelinck, reproduisant le tableau de Charles Le Brun, qui se voit dans une chapelle de l'église Saint-Nicolas du Chardonnet, à Paris. Cette chapelle, que Le Brun avait fait décorer pour servir de mausolée à sa mère et dont il conduisit les moindres travaux, renferme également le tombeau de ce peintre célèbre, mort à Paris en 1690, à l'âge de soixante-onze ans (²).

Sainte Magdeleine

La Magdeleine, demi-nue, les cheveux épars, est en méditation devant une tête de mort. Signé E. Mondan. 1841. — Cintré dans le haut du tableau. Figure de grandeur naturelle. (H^r 1^{m}80, L^r 1^{m}30, T.)

Ce tableau fut donné par le Gouvernement à l'église Saint-André, en 1850. Il ne figure plus dans la cathédrale depuis

---

(¹) Vasari, Félibien.
(²) *Les Hommes illustres du XVIIIe siècle*, par Perrault, 1736.

quelques années. Plusieurs catalogues des expositions de Paris mentionnent des tableaux de M. Eugène Mondan : Le Repos de la Sainte-Famille (salon de 1843), une Sainte-Famille (1844), une Sainte-Clotilde (1845).

Pour compléter la nomenclature des tableaux de la cathédrale qui peuvent attirer l'attention, il suffira de citer : une Assomption de la Vierge, un Père abbé donnant l'aumône, un Souvenir de la Mission de 1817 à Bordeaux, le martyre de Saint-André (¹), don de l'Empereur, et enfin quelques faibles copies; le Baptême de Jésus-Christ d'après N. Poussin, la Visitation d'après Mignard, et l'Annonciation d'après Coypel.

OBJETS MOBILIERS.

Le Maître-autel.

Le maître-autel de la cathédrale, en style dit *à la Romaine* décorait primitivement l'église des Jésuites de Toulouse. En 1763, après l'exclusion de cet ordre du sol français, les Bénédictins achetèrent cet autel et le firent transporter à grands frais dans l'église Saint-Pierre de leur couvent à La Réole.

« En 1803, ce meuble et d'autres objets précieux que le vandalisme de 1793 avaient respectés, furent enlevés pour orner la cathédrale de Bordeaux, sans que l'administration communale de La Réole y mît opposition (²). »

De nos jours, une grande partie des boiseries qui compo-

(¹) La primatiale possédait anciennement un tableau de ce même sujet, attribué à Sébastien Bourdon. *Description de Bordeaux*, Pallandre, 1785, p. 46.

(²) M. M¹ Dupin, *Notice historique sur La Réole*, 1839, p 86.

saient le baldaquin, et les colonnes de marbre sérancolin qui soutenaient les boiseries se retrouvent dans un piteux état sous les cloîtres. Et maintenant, que deviendront les anges adorateurs, le tombeau, le tabernacle? Avant que toutes les parties de cet autel, déjà si désunies, ne soient dispersées et perdues à jamais, pourquoi ne pas restituer ce meuble à l'église de La Réole, ou l'offrir à toute autre église du xviiie siècle avec laquelle il s'harmoniserait parfaitement (¹)?

Autels des chapelles.

Les autels des chapelles appartiennent à divers styles, les uns inspirés d'après les modèles du xviiie siècle, d'Oppernor et de Meissonnier, et les plus modernes dans le goût du moyen âge.

Les premiers décorent les chapelles de l'Annonciation, du Mont-Carmel, de Saint-Charles et de Sainte-Anne (²); ils se composent de retables en pierre et en bois, ces dernières

---

(¹) « Ces colonnes et ces boiseries conviendraient aux cathédrales de La Rochelle, de Tarbes ou de Montauban. » *Monographie de l'église primatiale de Saint-André*, par Mgr Donnet, 1854, p. 28.

Pour la description de l'ancien maître-autel, qui existait en 1668, voir l'*Histoire de Saint-André*, p. 23. — C'est en avant de cet ancien autel, à l'entrée du sanctuaire, que fut enseveli, en 1628, le cœur du cardinal de Sourdis, le corps ayant été porté à la Chartreuse

(²) Voici, d'après Lopès, les noms des anciennes chapelles, en suivant chaque travée, à partir du transsept, côté méridional : Saint-Martin, des trois Maries et Notre-Dame de Pitié formant actuellement la chapelle de Notre-Dame du Mont-Carmel, Sainte-Catherine, Saint-Blaize, Notre-Dame (aujourd'hui du Sacré-Cœur), Saint-Jacques, Saint-Nicolas, Saint-Jean-Baptiste (ancienne chapelle pontificale), Sacristie et Trésor ; ces trois dernières travées forment aujourd'hui la chapelle Saint-Joseph. Il y avait aussi dans la nef plusieurs autels, un entre autre appelé de *Notre-Dame de la Nef*, qui possédait une statuette en bois de la Sainte-Vierge très-vénérée en temps de peste, et conservée de nos jours dans la chapelle des sœurs de Saint-Projet. Cette sainte patronne de la vieille cité bordelaise ne reçoit aujourd'hui que les hommages des pieuses filles qui la recueillirent aux jours mauvais; replacée dans

avec colonnes entourées de vignes, surmontées de baldaquins cyboriums soutenus par des enroulements; mais nul de ces retables ne mérite une citation spéciale. Rappelons seulement que l'autel de la chapelle du Mont-Carmel provient de l'ancienne église Saint-Projet.

Les chapelles du Sacré-Cœur, de Sainte-Marguerite et de Saint-Joseph ont des autels modernes dans le style du moyen âge. Celui de la chapelle du Sacré-Cœur, entouré de statues en carton-pierre, ne doit être cité que pour déplorer l'étrangeté, l'incohérence de sa composition; il est indigne de cette maîtresse chapelle.

L'autel en marbre blanc de la chapelle Sainte-Catherine est l'essai, dans le genre gothique, d'un sculpteur de Bordeaux; il représente un tombeau décoré d'arcatures dans lesquelles apparaissent des statues d'apôtres; sur l'un des côtés est la signature B. Jabouin aîné, 1847.

Le nouvel autel de la chapelle Saint-Joseph est composé d'un bâtis en peuplier, recouvert de plaques d'argent fin, à 999 millièmes, pesant 8 grammes le décimètre carré, et décoré d'ornements repoussés, d'après les dessins de M. Danjoy, architecte.

Cet autel, d'une longueur de 2m60, représente un tombeau divisé en trois parties par des pilastres; au milieu des panneaux, dans des quatre-feuilles, la Vierge, le Christ et saint Joseph; sur l'autel est un petit gradin, aux côtés du tabernacle, orné de douze arcatures, au bas desquelles sont les noms

---

notre antique cathédrale, elle serait, comme autrefois, l'objet d'une vénération générale.

Dom Devienne, au commencement du livre V de son *Histoire de Bordeaux*, rapporte les démêlés violents qui éclatèrent entre le cardinal de Sourdis, le chapitre de Saint-André et le Parlement, au sujet de la démolition de deux autels qui se trouvaient dans la nef au midi. Cette affaire eut un grand retentissement; le Roi pris parti pour le Parlement, mais le pape Clément VIII ayant approuvé la conduite du cardinal, tout se termina en faveur de Mgr de Sourdis.

des apôtres. La croix du tabernacle et quelques ornements saillants sont fixés et décorés par des cabochons et fleurettes en maillechort.

Cet autel, semblable, comme disposition générale, à celui de la chapelle Sainte-Anne de la cathédrale de Lizieux, a été exécuté en 1859 par M. A. Chertier, orfèvre à Paris [1].

Stalles du chœur. Boiseries monumentales.

Les stalles du chœur avec leurs accoudoirs et leurs miséricordes, ornées de mascarons nerveusement accentués; les hauts dossiers de l'ancienne chapelle Notre-Dame, décorés de médaillons d'apôtres et de pontifes, ouvrages très-intéressants d'ébénisterie, proviennent de l'ancienne église des Chartreux (Saint-Bruno). De ce monastère provient encore la porte canoniale, en bois de noyer, qui présente des moulures d'un beau profil et très-habilement poussées, des rinceaux d'une riche élégance et d'une exécution remarquable. Enfin, ajoutons à ces boiseries monumentales un lutrin en bois de noyer, style du XVIIIe siècle, venant aussi des Chartreux, transporté à la cathédrale vers 1803 et servant aux offices célébrés dans la chapelle du Sacré-Cœur. Ce lutrin se recommande par les petits anges de ses panneaux et les ornements d'un faire spirituel et plein de mouvement qui ornent le pied d'ouche et les côtés du pupitre.

Les deux trônes placés aux extrémités des stalles du chœur sont des ouvrages plus récents, exécutés par M. Quéva, qui avait travaillé à la restauration de la tribune de l'orgue.

M. Quéva mourut à Bordeaux vers 1850, à l'âge de quatre-

---

[1] Au pied de cet autel se voient des dalles historiées, travail de M. Villiet; ces dalles, représentant la Cène et la Chute de l'homme, se rattachent à l'ensemble d'un pavage splendide, en cours d'exécution.

vingt-quatre ans. Un des derniers ouvrages de cet habile ornemaniste est la couronne de fleurs qui décore le tombeau de M{}^{lle} Seignan, au cimetière de la Chartreuse.

Clôtures du déambulatoire, du chœur et des chapelles.

Les grilles en fer battu qui clôturent les allées du chœur et la chapelle Saint-Joseph ont été posées en 1857 et 1861. Ces grilles, inspirées des modèles du moyen âge, ont été exécutées à Paris, sous la direction de M. Danjoy, architecte; elles remplacent de simples clôtures en bois sans valeur artistique.

Lopès parle de vieilles portes de fer, bien travaillées, placées à la chapelle de Notre-Dame (aujourd'hui chapelle du Sacré-Cœur), et à l'entrée de la sacristie, qui était anciennement dans la seconde travée de la chapelle Saint-Joseph.

Les ouvrages de serrurerie, style du XVIIIe siècle, qui clôturent le sanctuaire, furent exécutés pour l'église des Bénédictins de La Réole par un habile serrurier de cette ville, Blaize Charlut [1], et, comme le maître-autel, transportés à Saint-André en 1803.

Une autre ancienne clôture en bois, d'un ensemble disgracieux, ferme actuellement la chapelle du Sacré-Cœur; ce travail, malgré son style lourd, abâtardi, offre de certains détails dignes d'attention; particulièrement des figures d'anges d'une indication large, bien modelée et pleine de mouvement. Cette fermeture était autrefois à la chapelle Notre-Dame de la Nef, vis-à-vis l'ancienne porte Royale.

[1] *Hist. de La Réole*, p. 86.

Le grand orgue.

Lopès, dans son *Histoire de Saint-André,* p. 103, en parlant de l'orgue qui existait dans son temps, le décrit ainsi : « Au » fond de la nef est élevé le grand orgue de cette église, qui » remplit presque toute la largeur de cette nef, et on n'en voit » pas de plus grand dans le royaume. Il est élevé sur des ar- » ceaux de belle pierre de fort bel ouvrage, qui furent faits » l'année 1531. » (Voir la description de la tribune, p. 59).

A la réinstallation du clergé, l'ancien buffet d'orgues, cité par Lopès n'existait plus, ou se trouvait dans un tel état de détérioration, que l'on crut devoir transporter, vers 1804, à la cathédrale, les orgues de l'abbaye bénédictine de La Réole.

Depuis cette époque, les orgues de Saint-André ont reçu divers changements dans le mécanisme, mais le meuble appartient toujours dans son ensemble au xviiie siècle ; il est le plus important des églises de Bordeaux par la complication de ses jeux et par les proportions de son buffet ; cependant, il ne peut être signalé comme le plus remarquable par l'élégance de ses formes et l'habileté de ses sculptures.

La chaire.

A la réouverture des églises « tout manquait à la solennité du culte, et la cathédrale ne présentait qu'une enceinte délabrée (¹). » La rigidité qui devrait présider de nos jours à l'ameublement des édifices religieux dans le style qui leur est propre, eût été, en 1803, une prétention irréalisable ; il fal-

(¹) Mandement de Mgr d'Aviau, 1803.

lait tout d'abord les meubles nécessaires à l'exercice des cérémonies religieuses, et la cathédrale se pourvut aux dépens d'anciens couvents et de plusieurs paroisses de la ville. Les boiseries du chœur de l'église des Chartreux, le grand autel du monastère des Bénédictins de La Réole, les retables et les tableaux de la paroisse Saint-Projet, servirent à l'ornementation de la primatiale; et pour compléter l'ameublement, la chaire de l'église Saint-Rémi, transportée pendant la révolution à Saint-Michel, dans la chapelle des Anges, fut placée vers 1804 à Saint-André.

L'ancienne chaire qui était, comme celle d'aujourd'hui, dans la nef, mais plus vers l'ouest, avait été bâtie sous le roi Henri III, en belle pierre bien travaillée (¹). Cette chaire en remplaçait-elle une plus ancienne? « En France, dit M. Viollet-le-Duc, aucune de nos anciennes églises n'a conservé, que nous sachions, des chaires à prêcher ou pupitres pouvant en tenir lieu, antérieurs au xve siècle. L'usage, à partir du xiie siècle surtout, était de disposer, à l'entrée des chœurs, des jubés sur lesquels on montait pour lire l'épître et l'évangile et pour exhorter les fidèles (²). »

…. « Mais c'est particulièrement pendant le xvie siècle et au moment de la Réformation, que l'on établit des chaires dans la plupart des églises françaises. La prédication était, à cette époque, un des moyens de combattre l'hérésie avec ses propres armes; on plaça les chaires dans les nefs (ce qui ne s'était pas fait jusqu'alors) afin que le prédicateur se trouvât au milieu de l'assistance (³). »

Aux xviie et xviiie siècles, les chaires à prêcher, considérées comme des meubles, furent généralement exécutées en bois; la Belgique surtout en offre de beaux exemples, au nom-

---

(¹) Lopès, *l'Église métropolitaine et primatiale Saint-André*, p. 26.
(²) Viollet-le-Duc, *Dict. d'Architecture*, t. II, p. 407.
(³) *Ibid*, p. 412.

bre desquels il faut citer la chaire de l'église Saint-Pierre, à Louvain, et celle de Sainte-Gudule, à Bruxelles. En France se trouvent également de ces meubles fort remarquables, et notamment dans plusieurs églises de Bordeaux : Saint-Michel, Notre-Dame, Saint-Pierre et Saint-André. Le corps de la chaire de cette dernière église est en acajou, d'un beau galbe, orné de panneaux de marbre rouge; les arrêtiers qui lient ces panneaux portent une cariatide sous la forme de jeunes enfants soutenant le corps de la chaire. Au-dessus de l'abat-voix est un groupe de deux anges; l'un tient la croix et l'autre élève un ostensoir. Cette chaire, exécutée pour l'ancienne église Saint-Rémi, est l'œuvre de Cabirol, sculpteur, résidant à Bordeaux vers la fin du xviiie siècle.

En 1769, l'Académie de peinture, sculpture et architecture civile et navale de Bordeaux admit Cabirol au nombre de ses agrégés; antérieurement, il avait exercé la charge de professeur à l'école académique de Poitiers. Au mois d'avril 1771, l'Académie de Bordeaux le nomma membre titulaire, et quelques années plus tard il devint professeur à l'école de cette dernière ville.

La vie de Cabirol est peu connue; les détails suivants émanent de son gendre et élève, M. Delanoé, mort à Bordeaux vers 1850, à l'âge de 82 ans, et qui avait vu sculpter la chaire de Saint-Rémi. Jusqu'aux derniers jours de sa vie, l'élève regardait le travail de son maître avec le plus touchant intérêt, et ne visitait jamais la cathédrale sans enlever, à l'aide de son mouchoir, la poussière incrustée dans les ornements de la rampe et dans les feuilles du chardon placé au pied de l'escalier.

Après cette chaire, les principaux ouvrages du même sculpteur se trouvent à l'ancien palais archiépiscopal, actuellement l'Hôtel-de-Ville, construit par ordre de Mgr Ferdinand-Maximilien-Mériadec, prince de Rohan, archevêque de Bordeaux en 1770.

C'est en effet Cabirol qui exécuta le bas-relief du fronton du palais, façade du jardin, et l'écusson aux armes de Mgr de Rohan, qui était sur la porte principale de la cour extérieure ([1]); il fit également toutes les sculptures des boiseries du grand salon. Plusieurs hôtels particuliers de la ville de Bordeaux avaient été décorés par Cabirol ou sous sa direction; mais la plupart de ces riches boiseries ont depuis longtemps disparu.

L'atelier de Cabirol était rue Couturier; c'est là qu'il mourut vers 1784.

Reliquaire en bois.

Dans la chapelle Sainte-Anne, à droite, le long du mur, supporté par des consoles en fer, est un reliquaire en bois de la fin du xve siècle, décoré sur les côtés d'arcatures trilobées, dans lesquelles, sur un fond d'or, apparaissent les images des douze apôtres. (H^r 1^{m}10, L^r 0^{m}90, L^r 1^{m}50. — Forme rectangulaire, couvercle à quatre pans inclinés.) Les petites figures, de 30 à 35 centimètres de hauteur, à ne les juger que dans l'ensemble, sont empreintes d'un caractère inspiré des vieux maîtres du Nord.

Il existait autrefois dans la cathédrale d'anciens reliquaires très-précieux ([2]); deux surtout, en vermeil doré, qui renfermaient les reliques des apôtres saint André et saint Pierre, et qu'on présentait aux rois à leur entrée solennelle dans la cathédrale. En 1526, Jean de Foix, archevêque de Bordeaux, fit baiser ces reliquaires à François Ier, revenant d'Espagne en France, après sa captivité.

([1]) Ces armes furent renversées en 1793.
([2]) Lopès donne les noms de toutes les reliques renfermées dans de ces beaux reliquaires.

Au nombre des châsses d'argent, il y en avait une fort remarquable, destinée aux reliques de saint Macaire; commencée par les libéralités de la reine Anne d'Autriche, mère de Louis XIV (¹), qui donna à cet effet six cents livres et à laquelle on travaillait encore en 1668 (²).

Enfin, l'ancien trésor de la cathédrale possédait « une belle
» tapisserie en laine, soie et or, d'un prix inestimable; les
» chanoines l'ont laissée perdre ou piller, quand on démolit le
» jubé en 1809 ou 1810. Elle représentait l'histoire de Saint-
» André. Il y avait quarante pièces qui se plaçaient dans les
» panneaux des stalles du chœur dans les fêtes annuelles. Je
» les ai toutes vues en place, en parfait état de conservation.
» Plusieurs de ces tableaux m'avaient laissé des souvenirs
» assez exacts, et principalement celui qui représentait le
» saint au moment où le feu prenait à l'Hôtel-de-Ville; l'ar-
» chevêque et son clergé invoquant l'assistance de saint An-
» dré, le saint lui-même survient, dominant par sa hauteur
» tous les édifices qui l'entourent, et éteint le feu avec une
» fiole d'eau. L'encadrement du sujet était, comme pour tous
» les autres, deux colonnettes gothiques, supportant un dais
» dentelé à ogive et trilobé, et ayant pour base un socle sur
» lequel se déroule la légende; j'avais textuellement gardé la
» mémoire de celle-ci (³). » Ces tapisseries, d'après l'historien Lopès, avaient été données par le chanoine Vital Carle, en 1390.

(¹) Nous devons signaler l'existence de deux devants d'autel, brodés par la reine Anne-d'Autriche, lors de son séjour à Bourg-sur-Gironde, en 1650, et conservés encore dans l'église Saint-Géronce de cette ville. Depuis la création du Musée des Souverains dans le palais du Louvre, pourquoi n'y voit-on pas ces broderies de mains royales? L'église de Bourg ne perdrait certainement pas à cette donation.

(²) Lopès, *l'Église métropolitaine et primatiale Saint-André*.

(³) Note de M. Pelauque, ancien secrétaire de la Commission des hospices, mort à Bordeaux le 14 mai 1852. (*Rapport de la Comm. des Monuments historiques*, 1853, p. 33.)

La cathédrale possédait encore de riches ornements offerts au trésor de Saint-André par plusieurs archevêques, et notamment par Pierre Berland, Arthur de Montauban et le cardinal de Sourdis ([1]). Les chroniques mentionnent encore d'autres offrandes; un aigle en cuivre, don des jurats et une lampe d'argent, que le Parlement offrit à l'autel de Notre-Dame de la Nef en 1609, pour obtenir la cessation de la peste.

Crucifix du XIIe siècle.

Pour terminer la nomenclature des principaux objets d'art de l'ancien trésor, signalons un crucifix d'ivoire, de la fin du xiie siècle, placé dans la sacristie et joignant à l'intérêt de son ancienneté un vrai mérite artistique.

Ce Christ réunit au calme de la physionomie une puissante énergie d'aspect; sa bouche légèrement entr'ouverte, ses yeux éteints et gonflés de pleurs, son corps amaigri par la souffrance et qu'enveloppe un lambeau de linceul, ses membres décharnés et retenus à la croix par *trois clous* ensanglantés, composent une image, sinon correcte, au moins d'un effet saisissant. (Hr 0m48.)

M. Viollet-le-Duc, dans son *Dictionnaire de l'architecture française au moyen âge*, au mot *Crucifix*, décrit et donne un dessin de cet intéressant objet d'art.

[1] *Archives historiques de la Gironde*, 1859, t. 1, p. 109.

www.ingramcontent.com/pod-product-compliance
Lightning Source LLC
Chambersburg PA
CBHW060210100426